建築設計テキスト
住宅

建築設計テキスト編集委員会編

彰国社

建築設計テキスト編集委員（50音順）
大河内学（明治大学）＊
郷田桃代（東京理科大学）＊
鈴木弘樹（千葉大学）
鈴木雅之（千葉大学）
高柳英明（滋賀県立大学）
積田　洋（東京電機大学）
福井　通（神奈川大学）
山家京子（神奈川大学）

＊印は「住宅」担当編集委員
編集協力：神田綾乃（明治大学大学院）
　　　　　高森仁美（明治大学大学院）
　　　　　高橋　功（東京電機大学大学院）
　　　　　田渕浩子（東京電機大学大学院）

装丁・本文デザイン　伊原智子

まえがき

建築学や関連分野の専門知識を学ぶ大学や工業高等専門学校、工業高校では、設計製図は基幹科目としてカリキュラムの中で多くの時間を当てている。建築計画や建築構造、建築設備などの講義科目での知識を総じて、一つの建築としてまとめあげる設計製図の実習は、建築の専門家としての技術を習得するうえで極めて大切なものである。

建築の設計は、用途や機能のみならず時代を映す社会的な要請や条件、さらにはデザインを網羅的にとらえて、人間の豊かな生活の空間を提供するように構想して、計画されるものである。設計製図のカリキュラムでは、まず設計図の描き方を学び、各種のビルディングタイプの設計課題を行うように組まれている。多くの学校で設計製図課題となっている「集合住宅」「住宅」「事務所」「商業施設」の設計製図の実習に資する教科書として編まれたものが、本シリーズである。

建築の設計は「住宅に始まり、住宅に終わる」といわれるように、住宅の中に建築のエッセンスが凝集されているといっても過言ではない。設計教育の現場では、住宅の設計課題が必須の課題とされている。人間にとって住宅は身近なものであること、ほかの建築とは異なり、具体的なユーザーの顔が見えること、滞在時間が圧倒的に長いことから、住宅建築は入門しやすいが、奥が深く、高い完成度が要求される難しい建築であるといえる。本書はこうした住宅設計を取り巻く背景を踏まえ、幅広い内容をカバーしつつも、初学者にとってわかりやすい内容を心掛けた。

本書の特徴は以下の3点である。

1. ビジュアルでわかりやすい解説：写真や図面などを数多く掲載し、ビジュアルに把握・理解できるように工夫を行った。実例を掲載することで、実際の設計に役立つことを目的としている。

2. 豊富かつ最新の事例をピックアップ：できるだけ新しい事例を取り上げ、最新の住宅設計のスタンダードをキャッチアップできるように編集した。近年、住宅のあり方は大変多様化しており、いわゆる教科書的なお手本を示すのは大変難しいが、豊富な事例を示すことで、住宅設計の奥深さと問題の広がりを知っていただければ幸いである。

3. 住宅の歴史や設計思想についての解説：設計者の思想や住まい手の価値観が住宅設計の方針を大きく左右する。誌面の制約はあるものの、住宅の成立過程、歴史的変遷を概観する解説をまとめた。現代における住宅設計の中心的課題についても解説を加えている。

本書の構成は、1章で住宅設計の基礎的知識として、住宅の定義、歴史的変遷、現代における住宅設計の中心的課題について解説している。2章では、配置計画から平・断面計画、各室の設計、仕上げ・詳細の設計、構造計画、設備・環境計画といった内容を具体的な事例を紹介しつつ解説している。3章では、様々な住宅作品の中から、参考となる具体的事例を紹介している。1章の「住宅建築の現在」と相互に参照できるように工夫している。4章では、「箱の家108」を題材に、詳細な図面（配置図、平面図、断面図、立面図など）を掲載している。

最後に本書の編集・執筆にあたり、貴重な資料をご提供いただきました設計事務所および関係各位に厚く御礼を申し上げたい。

2009年8月

建築設計テキスト編集委員会　大河内　学

目次

まえがき ... 3

1 概要 ... 5

1.1 住宅とは何か ... 6
1. 住宅の設計にあたって ... 6
2. 住まいの目的と性能 ... 6
3. 住まいの多様性 ... 6
4. 住宅の定義 ... 6

1.2 住宅の歴史 ... 7
1. 近代以降の住宅建築 ... 7
2. 戦後における日本の住宅 ... 8

1.3 住宅建築の現在 ... 10
1. 周辺環境・場所性への対応 ... 10
2. 家族・ライフスタイル ... 10
3. 空間構成・平面構成 ... 11
4. エコロジーと住宅建築（環境共生型住宅） ... 12
5. 構造・構法・素材 ... 13
6. 「家」の概念の拡張 ... 14

2 設計・計画 ... 15

2.1 敷地を観察する ... 16
1. 敷地と周辺環境の読取り ... 16
2. 法的条件の把握 ... 17

2.2 居住者像とライフスタイルを把握する ... 20
1. ライフステージ ... 20
2. 家族構成 ... 20
3. 仕事・趣味・余暇 ... 21
4. 予算とスケジュール ... 21

2.3 平面・断面を考える ... 22
1. 敷地と建物の規模 ... 22
2. 建物の配置計画 ... 22
3. 居室の配置計画 ... 24
4. 内部と外部をつなぐ計画 ... 28

2.4 空間の寸法を考える ... 29
1. インテリア空間の設計 ... 29
2. インテリア空間の寸法 ... 29
3. 単位空間の構成 ... 29
4. 断面の設計 ... 33
5. エクステリア空間の寸法 ... 35
6. バリアフリー ... 35

2.5 仕上げ・詳細を考える ... 36
1. 外部空間 ... 36
2. 私的空間 ... 36
3. 共有空間 ... 36
4. 衛生空間 ... 37
5. 動線空間・その他 ... 37

2.6 窓と建具をデザインする ... 38
1. 窓、建具の機能的・デザイン的意味 ... 38
2. 建具の種別 ... 38
3. 開閉形式 ... 38
4. 工法 ... 38

2.7 家具をデザインする ... 39
1. 造付け家具 ... 39
2. 家具・照明 ... 39

2.8 外部（エクステリア）をデザインする ... 39
1. 外部空間の役割 ... 39
2. 外部空間の設計 ... 39

2.9 建物の骨組みをデザインする ... 40
1. 建物に作用する荷重・外力 ... 40
2. 地盤と基礎構造 ... 40
3. 木造 ... 41
4. 鉄骨造 ... 42
5. 鉄筋コンクリート造（RC造） ... 42
6. 混構造 ... 43

2.10 室内環境をデザインする ... 44
1. 温熱環境（熱と空気） ... 44
2. 光環境（採光と照明） ... 45
3. 音環境 ... 45
4. 省資源と省エネルギー ... 45
5. 設備 ... 46

3 設計事例 ... 49

1. 日本橋の家/岸和郎+K.ASSOCIATES/Architects ... 50
2. CELLS HOUSE/大河内学・郷田桃代/インタースペース・アーキテクツ ... 52
3. 津山の家/村上徹建築設計事務所 ... 54
4. ヒムロハウス/小嶋一浩/C+A ... 56
5. 北向傾斜住宅/三分一博志建築設計事務所 ... 58
6. 地熱利用のSOHO/圓山彬雄/アーブ建築研究所 ... 60
7. 住居No.18 伊東・織りの家/内藤廣建築設計事務所 ... 62
8. ハウス&アトリエ・ワン/アトリエ・ワン ... 64

4 設計図面 ... 67

箱の家108　小野塚邸/難波和彦+界工作舎 ... 68

【コラム】

鉄板を構造とした住宅 ... 43
建築物総合環境性能評価システム ... 47
次世代省エネルギー基準 ... 47

1 概　要

1　概　要

1.1　住宅とは何か

❶ 住宅の設計にあたって

　住宅は、人々の安全で快適な生活を支える器である。同時に、個人を家族という単位で包容する空間であり、個人と社会をつないだり、あるいは遮断したりする空間でもある。

　住宅の設計には、生活の基盤として求められる様々な機能を一つにまとめ上げるという難しさがある。そのうえ、人間の多様性や時代の変化にも呼応しなければならない。しばしば「建築の設計は住宅に始まり、住宅に終わる」といわれるが、住宅には建築の根本的課題が凝集されているということであろう。

❷ 住まいの目的と性能

　そもそも住まいに求められるものは何か。まずは住まいにおける根源的な目的と性能を捉える必要がある。

①生命と財産を守る

　住まいは、いわば「シェルター」であり、外敵から身を守り、風雨などをしのぐためにつくられ、生命を保護することが第一の目的である。必然的に、食料や家財などを蓄財し、財産を守る役目も生まれる。住まいの性能として、まずは「安全性」が求められる。

②生育や生活を支える

　人間の成長や日常の活動を維持、促進するために不可欠な行為、すなわち、睡眠や休息、食事をとり、入浴や排泄を行い、家族の団らんや憩い、娯楽を享受する場所である。そのため、住まいには、生活を持続するための「利便性」や「快適性」が必要である。

③家族の象徴となる

　家族や世帯という単位を包容する空間として、住まいは、個人と家族との関係を反映し、また、社会へ顕在化させている。その結果、家族という単位の「象徴性」やつくり手の「表現性」も有している。

❸ 住まいの多様性

　元来、住まいは、風土や気候に適した形態をともなって成立してきた（図1.1）。また、住まいの形態には、そこで暮らす人々の生活習慣や文化が反映され、空間を特徴づけている（図1.2）。また、建築を構成する材料としては、地域で入手しやすいものを用いるのが一般的であった（図1.3）。このように地域性を反映したものとして、住まいが形成されたからこそ、世界中で多様な形態をとるに至ったのである。

❹ 住宅の定義

　住宅とは、家族が独立して家庭生活を営むことができるようにつくられた建物の総称であり、実際には様々な形式がある。建物と住戸の関係からみれば、独立住宅（戸建て住宅）と集合住宅があり、独立住宅は、一棟の建物が一戸の住宅で構成されるのに対し、集合住宅は、連続建て住宅（テラスハウス）や共同住宅のように、一つの建物に複数の住戸が含まれる（図1.4）。

　また、用途からみれば、専用住宅と併用住宅がある。専用住宅は、居住のために使用する部分だけで構成されたもので、一般の世帯用住宅や二世帯住宅、単身者用住宅などである。併用住宅は、居住部分のほかに店舗や作業場など、業務に使用する非居住部分を併せもった住宅である（図1.5）。そのほか、立地の違いによって、都市住宅、農山村住宅、漁村住宅などのほか、避暑地や避寒地に建てられる別宅として別荘などがある（図1.6）。

図1.1　インドネシアの高床式住居

図1.2　中国北京の四合院住居

図1.3　アルベロベロ（イタリア）の伝統的住居

図1.4　住戸と建物の関係からみた住宅の分類

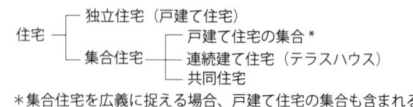

＊集合住宅を広義に捉える場合、戸建て住宅の集合も含まれる

図1.5　用途による住宅の分類

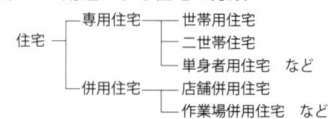

図1.6　立地による住宅の分類

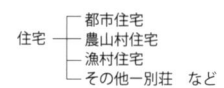

1.2 住宅の歴史

国や地域によって住宅の発展過程は多岐にわたるため、ひとくちにその歴史を語ることは難しい。生産技術からみると、1）住人が自らの手による施工、2）専門の技術者による施工、3）工業化による大量生産、という発展プロセスを経てきた。住宅建築が建築的価値を確立し、計画やデザインの対象として成立するのは、20世紀になって住宅が工業化の過程を迎えるようになってからである。

❶ 近代以降の住宅建築

①近代住宅の萌芽

近世までは、建築といえば教会などの宗教建築が主たるもので、住宅建築は一部の特権的な上流階級のための建築であった。ここで、はじめて一般的な市民のための住宅建築が計画の対象として成立する。近代の住宅では、それまでの接客を中心とした空間から、1）家事の軽減、2）居室における団らん、3）プライバシー保護、といった生活理念や機能性が重視されるようになった。

アーツ・アンド・クラフツ運動の指導者であるウイリアム・モリスの自邸、「赤い家」（1859）は、素朴な煉瓦積みの外観で、これまでの古典的な平面形式をもつ住居とは一線を画した、自由な平面形式をもつ住居である。近代住居の萌芽期にあたる傑作として、その後の住宅建築に多大な影響を与えた（図1.7）。

②「住居は住むための機械である」

モダニズムの巨匠の一人であるル・コルビュジエは、「シトロアン住宅」（1920）などのプロジェクトを通じて、「住居は住むための機械である」という有名なテーゼを唱えた。このことばの背景には、1）建築の工業化による大量生産（大量供給）、2）品質の安定化、3）中産階級層が比較的容易に入手可能な経済性、などを推進するねらいがあった。さらに、コルビュジエは、1）水平横長窓、2）自由な平面、3）屋上庭園、4）ピロティ、5）自由なファサード、からなる「近代建築の5原則」を提唱する。これらのデザインボキャブラリーは、のちに広く普及し、その後の住宅建築のデザインに与えた意義は大きい。特に「サヴォア邸」（1931）はこの理念が高いレベルで結実した、20世紀を代表する住宅建築として有名である（図1.8～1.9）。

③「レス・イズ・モア」

コルビュジエと並ぶ巨匠、ミース・ファン・デル・ローエは、機能主義的な建築理念を推し進め、ユニバーサルスペースの理念に基づく、「チューゲントハット邸」（1930）や「ファンズワース邸」（1951、図1.10）といった傑作を生み出した。ミースは「レス・イズ・モア」という名言を残しており、無駄な装飾や建築的要素を排除した端正で美しい住宅作品を残した。

図1.7 赤い家（フィリップ・ウェブ、ウイリアム・モリス）

図1.8 サヴォア邸（ル・コルビュジエ）

図1.9 サヴォア邸平面図
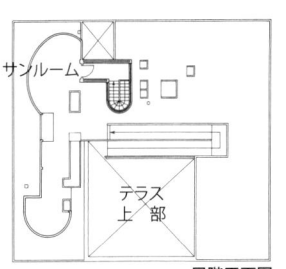
屋階平面図
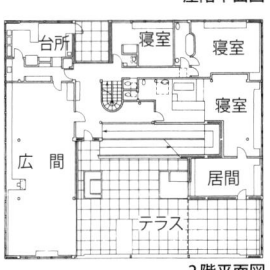
2階平面図
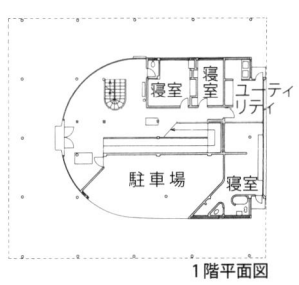
1階平面図

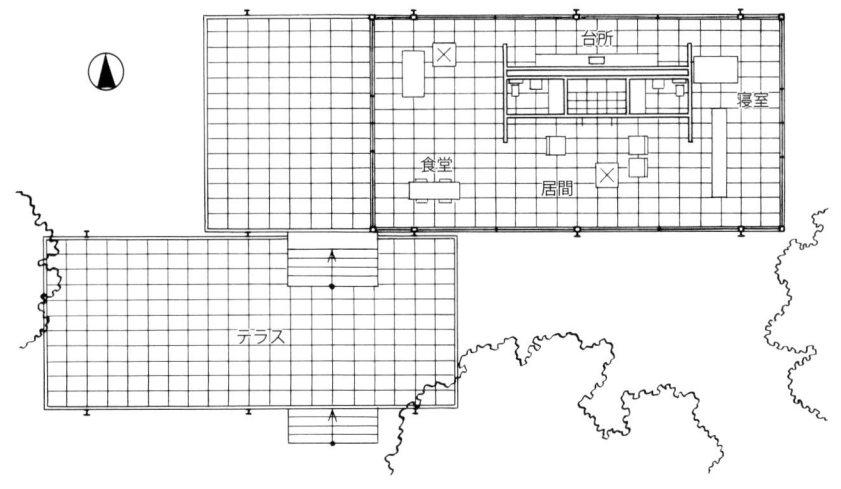
図1.10 ファンズワース邸（ミース・ファン・デル・ローエ）

④プレーリースタイル

近代建築の巨匠フランク・ロイド・ライトは、アメリカの風土に適応する建築様式として、「プレーリースタイル」(草原様式)という形式を打ち出し、シカゴを中心に数多くの住宅作品をつくった。その代表作として「ロビー邸」(1909)や「落水荘」(1936、図1.11)があり、大きく突き出た庇、水平性の強調などの特徴がみられる。

⑤ケーススタディハウス

1945年にアメリカの雑誌が企画した実験住宅「ケーススタディハウス」では、ロサンゼルス近郊に36の良質な住宅建築がつくられた。リチャード・ノイトラやチャールズ＆レイ・イームズらが中心となり、低コストで現代的な住宅を実現した(図1.12)。

❷ 戦後における日本の住宅

①「床座」と「椅子座」

わが国では慣習的に靴(下足)を脱いで住宅に上がる。土間を基本とした原始的な住居では、上下足の区別はないが、やがて貴族や武家の屋敷において履替えの区別が現れた。畳などの床の上に座ったり横になったりする生活様式を「床座」と呼び、一方で椅子を用いた生活様式を「椅子座」と呼ぶ。わが国では、明治時代以降戦後に至るまで、床座から脱却し、椅子座への移行が課題であった。

②戦後住宅の指針

西山夘三は、著書『これからのすまい―住様式の話』(1947)の中で、「分離就寝」と「食寝分離」の考えを提唱した。「分離就寝」とは、文字通り、家族全員が居間に寝るのではなく、夫婦とその他の家族が別れて寝ることをいう。「食寝分離」とは、食事をする部屋と就寝に使用する部屋の兼用を避け、それぞれに独立したスペースを確保することをいう。この考え方は戦後、わが国の公的な住宅における平面計画の基本的な理念となった。

戦後における住宅革新の基本的な方向性としては、大きく、1)家事労働の軽減、2)個室の確保、3)動線の短縮、4)合理的構造、にまとめられる。

③「51C型」

「51C型」(図1.13)は、1951年度の鉄筋コンクリート造公営住宅標準設計のひとつである。床面積は12坪(40.2m²)、室の構成としては、台所・食事室、居室(6畳)、居室(4畳半)の3室からなる。バルコニー、便所、物置などのサービス部は、従来の住宅に対して充実したものになっている。「寝室分解」を意図し、壁によって居室を二つに分離しながらも、台所と一居室の開放的な連続、台所での食事の可能性といった、融通がきく空間の使い方、住まい方が実現されている。

図1.11 落水荘(フランク・ロイド・ライト)

図1.12 イームズ邸(チャールズ＆レイ・イームズ)

図1.13 公営住宅標準設計51C住宅(原案設計・東京大学吉武研究室)

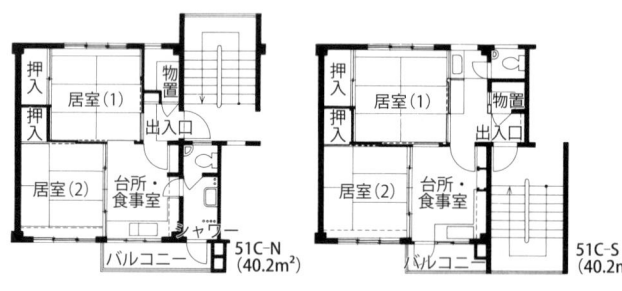

図1.14 立体最小限住居(池辺陽)

断面図

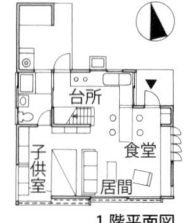
1階平面図

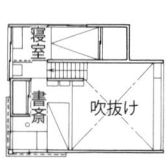
2階平面図

のちに住宅公団は住戸計画において、「51C型」の原理を踏襲し、「2DK」を生み出した。さらに様々な世帯に対応するため、2K、3K、1DKなど様々な型の系列を生み出していった。

④小住宅とモダンリビング

池辺陽は、機能主義的、工業化という視点から新しい住宅のあり方を示す一連の作品を残した。「立体最小限住居」(1950)は、わずか15坪の延べ床面積の中に、合理的、機能的、文化的な生活を実現するためのプロトタイプ住宅である(図1.14)。池辺は1946年に刊行された雑誌『モダンリビング』において中心的役割を果たし、文字通り近代的な生活像とそれに対応する住居の提案において主導的役割を果たした。同時期に戦後住宅を先導した建築家に、清家清(森博士の家)、増沢洵(最小限住宅)、広瀬鎌二(SHシリーズ)等がいる。

⑤住宅の商品化

1959年、日本初の工業化住宅「大和ミゼットハウス」が発売された。鉄骨造の6畳一室の住居は、離れや子供室として使われた。1960年代後半に住宅金融公庫がプレファブ住宅を融資対象としたことで、プレファブ住宅の普及が加速した。これを受け1970年、プレファブ住宅「セキスイハイムM1」(図1.15)が発売された。この住宅の特徴は、90%以上を工場でつくるユニット工法ということ、無駄を省いた機能美、当時の最新設備と高い耐震性・耐久性が挙げられ、最高水準の工業化住宅として賞賛された。最近の工業化住宅は個別化が進み、消費者の多様なニーズに応える傾向が強まっている。

⑥都市型住宅

1968年に刊行された『都市住宅』は、若手建築家による都市型住宅の実践と活動を建築界に広く知らしめた。東孝光の「塔の家」(1966)は、究極の狭小住宅であるが、都市に住むことの意義を問い、都市に住む強い意志とこだわりを示し、新しい都市型住宅の地平を開いた作品として有名である(図1.16)。

⑦日本的空間の表象

篠原一男は日本の伝統的空間に強い関心を抱き、空間の抽象化という手続きによって、近代建築において日本の伝統を表象する仕事に取り組んだ。「から傘の家」(1961)はこの中でも特に傑作とされている(図1.17)。

⑧都市に対して閉じた住居

1970年代になると、建築家たちは都市的ビジョンや具体的な都市像を示すことから撤退し、極めて閉鎖的な構えをもつ小住宅の創作を志向するようになった。この時期の代表作として、原広司の「原邸」(1974、図1.18)、伊東豊雄の「中野本町の家」(1976、図1.19)、安藤忠雄の「住吉の長屋」(1976、図1.20)が挙げられる。

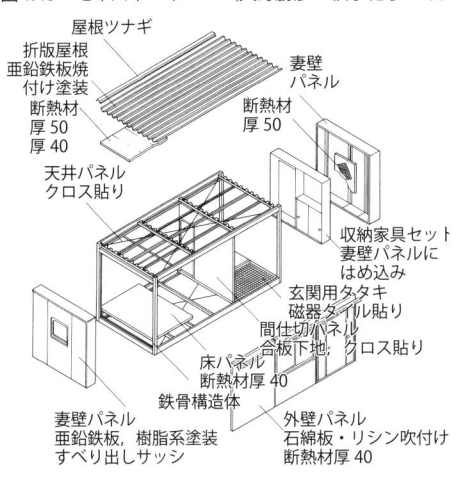

図1.15 セキスイハイムM1(大野勝彦＋積水化学工業)

図1.16 塔の家(東孝光)

図1.17 から傘の家(篠原一男)

図1.18 原邸(原広司)

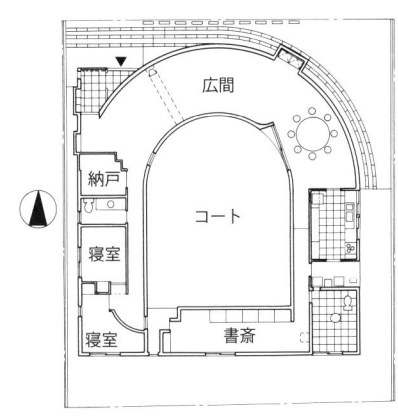

図1.19 中野本町の家(伊東豊雄)

図1.20 住吉の長屋(安藤忠雄)

1.3 住宅建築の現在

人々のライフスタイルや価値観の多様化、少子高齢化や単身世帯の急増、コミュニティの崩壊に代表されるように、社会の仕組みそのものが激変しつつある。これに従い、住宅に求められるデザインや性能は、ますます複雑かつ高度なものになっている。住宅建築のあり方やかたちも極めて相対化している。我々はいま、住宅の設計で何を考えるべきであろうか。ここでは、幾つかの事例を概観しながら、住宅建築の広がりと奥深さを理解するとともに、今日的な住宅設計の問題について解説する。❶から❻の内容は、それぞれ設計事例の章で取り上げる事例と対応しているので、参考にするとよい。

❶ 周辺環境・場所性への対応
①小さな家

都市部では、狭小敷地に小住宅を建設する事例が数多く見られる。狭小敷地に住宅を設計する場合には、限られた容積を有効に活用するために、平・断面計画の工夫、実際よりも広く感じられる巧みな空間構成、無駄のない厳密な寸法設計を必要とする（図1.21）。1994年の建築基準法改正により、「住宅地下室の容積率緩和」の規定が成立したことで、さらなる地下利用が促進されることとなった（図2.51）。

②都市型住宅（事例：日本橋の家。p.50〜51）

戦後の高度経済成長期には住宅の商品化が進み、豊かさの象徴として、郊外に庭付き一戸建てを購入し、そこに一生住まうことが理想となった。近年では狭くても都心に居を構え、利便性を享受するという居住形態・価値観をもつ人が増え、都心居住の可能性を追求した住宅がつくられている。その多くは狭小敷地で庭がなく、内部空間の重視、高度な空間利用といった特徴をもつ。

③風土性（事例：北向傾斜住宅。p.58〜59）

建築は土地に定着して成立するものであるから、敷地をとりまく環境を無視して計画することはできない。世界中のいかなる場所にも建設可能な普遍性を追求した近代建築の反省を踏まえて、その場所の気候、風土などを生かし、その場所にしかない固有の特徴や形式をもつ住居が見直されている（図1.22）。都市部においても、住宅が街の一部としていかに風景に参加するかという意識が高まっている。

❷ 家族・ライフスタイル

現代では、従来の核家族を標準とする住宅の設計と異なり、様々な家族形態に応じた計画が求められている。趣味、余暇の過ごし方をはじめとするライフスタイルも多様化しているので、住居のあり方も自ずと個別化している（図1.23）。

①多世帯住宅（事例：CELLS HOUSE。p.52〜53）

複数の家族が一つの棟に同居する住宅をいう。通常、親と子が同居する二世帯住宅が多い。最近では高齢者の中にも経済的、精神的、体力的に自立した人が多く、完全共有の平面計画の中で、個室を与えられただけでは満足しない人も多い。この場合、完全分離型や部分共有型が望ましいと考える。後者の場合、血縁関係があっても独立した別の世帯が同居するのだから、二世帯の距離のとり方、あるいは共有の仕方に工夫が求められる（図1.24）。

②家族構成と空間単位

図1.25に示す「梅林の家」（2003）は、3世代が住む住宅である。厚さわずか16mmの鉄板によって組み立てられた小さな個室の集合体である。各個室は、完全に区画されているわけではなく、壁に穿たれた孔によって緩やかにつながっており、住居全体としては大きなワンルームとしてみることもできる。

図1.26に示す「岡山の住宅」（1992）は両親と子供の3

図1.21 ミニ・ハウス（アトリエ・ワン）　　図1.22 蘭越アグ・デ・パンケ農園の住宅（北海道建築工房）

人が住む住宅である。中庭を囲んで、個室棟、厨房棟、浴室棟が分散して建っている。この住宅では中庭に出て別の棟に移動することを余儀なくされる。個人が個として独立しつつも共有する場をもった住宅である。

③非nLDK（事例：ヒムロハウス。p.56〜57）

画一的な住居形式に対する批判が高まり、従来のnLDK形式では説明できない平面計画を模索する試みが多数の住宅で実践されている。

④高齢者の住環境

戦後の住宅は、機能性や経済性を追求するあまり、必ずしも高齢者や体の不自由な人に対して優しい建築ではなかった。近年では建築における「バリアフリー」や「ユニバーサルデザイン」の促進が叫ばれており、住宅もこの例外ではない。我々はさらに高齢者の住環境について検討を深めていく必要がある。

高齢者・障害者にとってのバリアの様態には個人差があるが、一般的に住宅における「物理的なバリア」として、床の段差などが挙げられ、具体的な対処として、スロープや手すりの設置、廊下や階段幅の適正化などがある、こうした物理的なバリアのほかに心理的、制度的なバリアが存在することも認識する必要がある。

❸ 空間構成・平面構成

住宅設計のプロセスにおいて、どのような平面を与え、どのような空間構成にするかという問題は、あらかじめ答えが用意されているわけではないので、最も創造力を必要とし、アイデアが求められるフェーズである。計画的に優れていても陳腐な空間構成であれば、建築としては魅力に欠けるものになってしまうだろう。反対に合理性、必然性のないアイデアだけでは、説得力を欠き、根拠がない計画になってしまう。当たり前のことであるが、家族構成や、敷地条件、ライフスタイルをはじめとする与条件をよく咀嚼したうえで、ふさわしい平面・空

図1.23 屋根の家（手塚貴晴＋手塚由比）

図1.25 梅林の家（妹島和世）

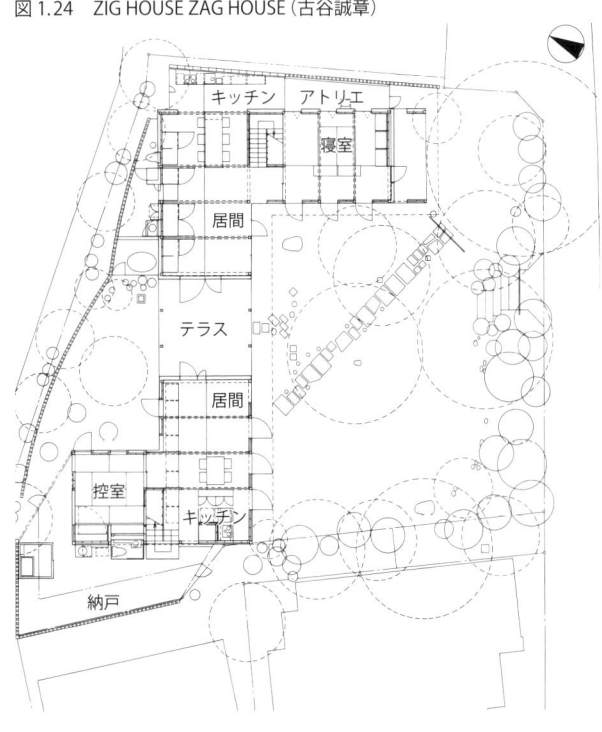

図1.24 ZIG HOUSE ZAG HOUSE（古谷誠章）

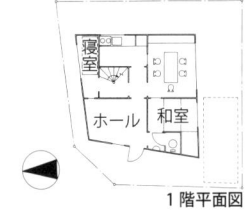  

1階平面図　　2階平面図　　3階平面図

図1.26 岡山の住宅（山本理顕）

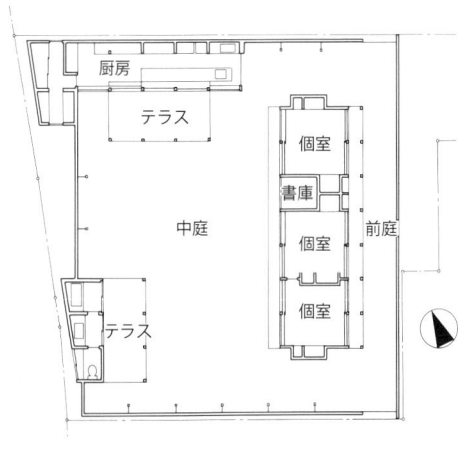

間構成を創造する。

①中庭形式（事例：津山の家。p.54〜55）

中庭形式は、古くから繰り返し採用されてきた平面形式である。住棟により中庭を囲い込むことで高いプライバシーを確保することができる。一方で敷地面積に余裕がないと実現しにくい。中庭のD/H（奥行と高さ）に注意しないと、かえって閉鎖的で陰鬱な中庭になってしまうことがある。

②ワンルーム

間仕切り壁・建具をできるだけ排除し、一室化を実現する手法。小規模の住宅で採用されることが多い。1）限られた面積を実際よりも広く見せる、2）空間利用のフレキシビリティを高める、3）家族の一体感を生み出す、といった狙いがある。図1.27に示す「T house」（2005）は、各室が住居の中央でつながる平面をもつ。放射状に配置された間仕切りにより、一室空間としてつながりつつも適度に分節された空間を実現している。

③スキップフロア

床レベルを交互に半階ずらして配置する手法。実際の面積よりも広く感じられ、開放的で一体的な空間ができる。このほかに動線の短縮が図れるなどの利点がある。敷地が傾斜地の場合や、ガレージの上部空間を有効活用する場合に採用されることがある。図1.28に示す「House SA 1999」（1999）は、北斜面の造成地に建つ。地形の傾斜に合わせて床のレベルが設定されている。大屋根に覆われた一体的な空間の中に、フロアによって柔らかく分節された場が展開している。

④傾斜地

傾斜地の敷地は、コストがかさむうえに、平・断面計画に制約が生まれるため、建築には不向きであるとされている。しかしこうしたマイナス要因ばかりではなく、傾斜地には動的で変化に富んだ内部空間を実現できる可能性がある。さらに谷側に良好な景観がある場合には、平担地では得られない付加価値を与えることができる。地形と建物のフロア（基礎）の関係から、傾斜地の住宅は、図1.29に示すようなタイプに分けられる。地形を造成し、建物を埋め込んだ事例として図1.30がある。

❹ エコロジーと住宅建築（環境共生型住宅）

地球環境問題の深刻化、エコロジーという思想の定着、環境重視といった価値観の普及を背景に、住宅建築にも省エネルギー、省資源を目的とする設計上の工夫が要求されている。具体的には、1）建築の長寿命化、2）省エネルギー、3）省資源（リサイクルなど）、が挙げられる。住宅の省エネルギー、周辺環境との調和を考えた

図1.27 T house（藤本壮介）

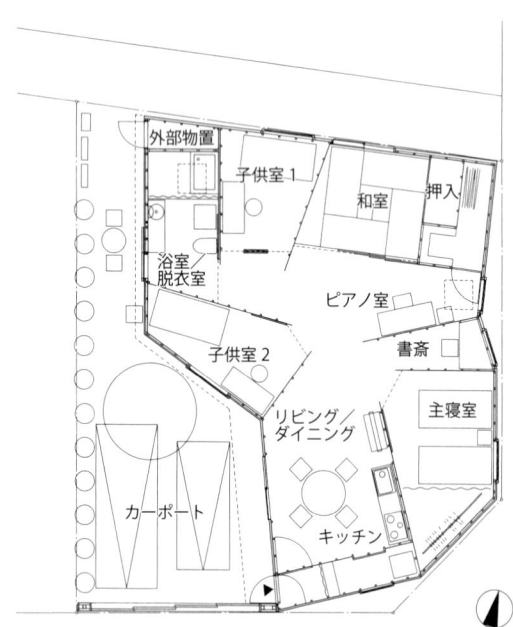

図1.28 House SA 1999（坂本一成）

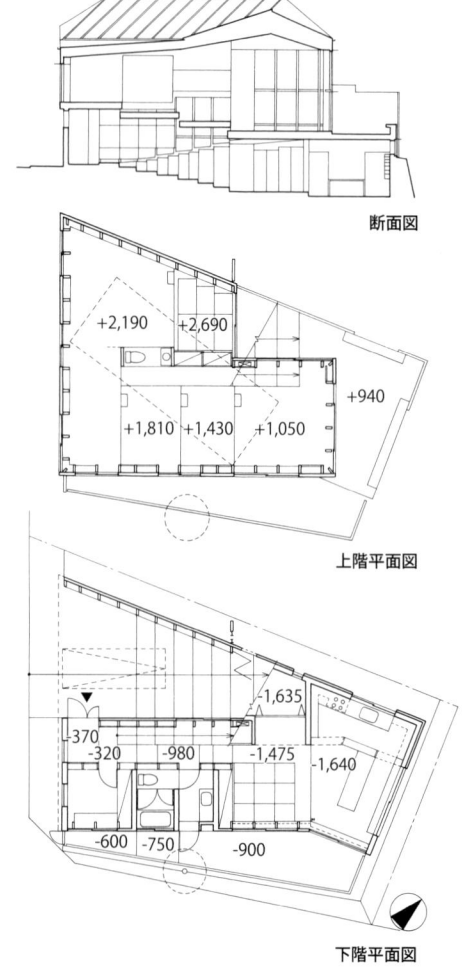

図1.29 傾斜地における住宅の建ち方

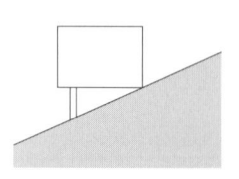
1. 独立柱により、地形から建物を浮かす

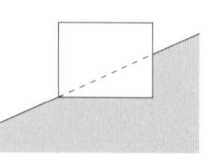
2. 地形を造形し、建物を埋め込む

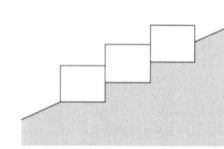
3. 建物を地形に合わせて配置する

好例として「アシタノイエ」(図1.31)がある。

①住宅のサスティナビリティ

　欧米に比べわが国における住宅の耐用年数は短く、住宅の長寿命化は遅れているのが現状である。具体的な対策としては、1)構法や設計上の工夫による耐久性の向上、2)日常的な維持管理(メンテナンス)の徹底化、3)住要求の変化に対応するプランニングや増改築に対するフレキシビリティの確保、などがある。

②パッシブシステム(事例：地熱利用のSOHO。p.60〜61)

　パッシブシステムとは、自然のエネルギー(日射・気温・風・地熱)などを活用し、室内環境を調節する方法をいう。アクティブシステムのように機械や装置に依存することなく、建物の構造体に蓄熱したり、空間の作り方によって熱を分配したりする。季節や一日の時間によって住み方を変えるといった住まい手の工夫もこの中に含まれる。したがってアクティブシステムのように建築設計と設備設計を分離して行うことは不可能で、あくまでも住宅全体の計画の中で総合的に検討する。

③ソーラーシステム

　太陽光(ソーラーエネルギー)を熱エネルギーとして利用するシステムをいう。広義のソーラーシステムには、やはりパッシブとアクティブがある。パッシブについては②で述べた通り、太陽エネルギーを窓などから室内に直接取り入れ、蓄熱、放熱したりして室内環境の調節を図る方法である。これに対して、アクティブは屋根などに設置した集熱器(ソーラーパネル)で太陽熱を集めて空気や水を温め、これをファンやポンプなどの動力で各室に搬送し、各室の放熱器などで放熱するシステムをいう。この方式の場合、ランニングコストは低減されるが、イニシャルコストは割高になる。

④水資源の有効利用－雨水の利用

　水資源には限りがあるので、特に降水量の少ない地域では有効に活用する必要がある。第一に雨水の利用が有効である。通常、屋根に降った雨水は樋を通じて排水するだけであるが、これを集めて利用することができる。第二に水の再利用である。飲料水として使用することは不可能だが、洗濯、掃除、水洗便所であれば利用できる。外構への散水、打ち水も蒸発冷却効果によって地表面の温度を下げる効果があるので、パッシブクーリングの手法の一つである。

5 構造・構法・素材(事例：住居No.18 伊東・織りの家。p.62〜63)

　わが国では、住宅のような小さな建築でも、高度なデザイン性と先端的なエンジニアリングの融合が図られた

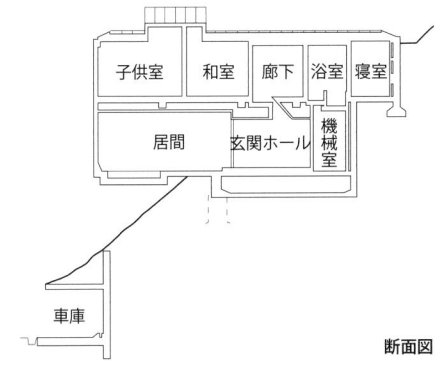

図1.30　ブルーボックス(宮脇檀)

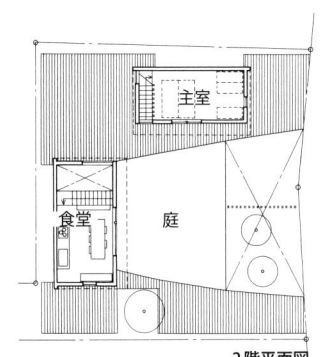

図1.31　アシタノイエ(小泉雅生＋メジロスタジオ)

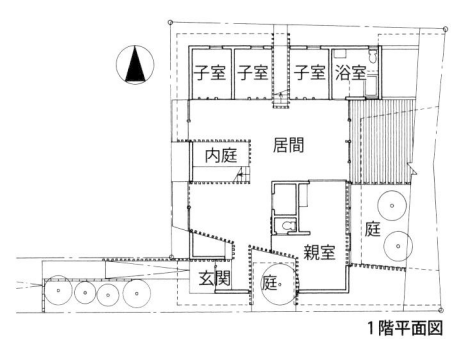

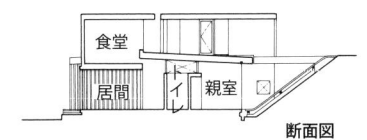

建物が少なからずみられる。こうした住宅設計におけるデザイナーと構造設計者の協働は世界的にみてもまれである。またわが国の施工における技術水準は世界的にみて高いレベルにあり、この利点を生かした住宅も数多く見られる。図1.32に示す「積層の家」(2003)は延べ棒状のプレキャスト・プレストレストコンクリート(PC)ピースを積層させて、構成した住宅である。また近年では、数ミリの薄い鉄板を用いた実験的な建築がつくられている。このほかに鉄やコンクリートに続く新しい構造材料としてアルミに注目が集まっている。柱梁をアルミの型押し材で構成した「桜上水K邸」(2000、図1.33〜1.34)などの住宅がある。

❻「家」の概念の拡張

①兼用住宅(事例：ハウス＆アトリエ・ワン。p.64〜65)

居住目的にのみ供する専用住宅に対し、店舗、仕事場、医院、事業所などと複合した「兼用住宅」がある。生活様式の多様化に伴い、「家」の概念も拡張しつつある。

②別荘

日常と切り離された非日常的性と余暇を楽しむ空間の演出が要求される。自然(周囲の環境)との調和、敷地、建物に対するメンテナンスの容易さも重要なテーマである。近年では、避暑のために長期滞在するというステイタスのためではなく、日常的な生活スタイルの一部として考える建主も少なくない。

図1.32 積層の家(大谷弘明)

図1.33 桜上水K邸(伊東豊雄)

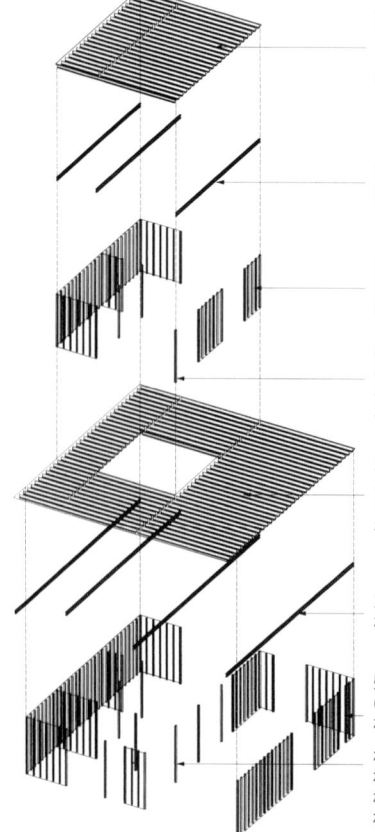

図1.34 桜上水K邸・分解図

2 設計・計画

2 設計・計画

2.1 敷地を観察する

　住宅に限らず、建築の設計に着手する際には、敷地を十分に観察し、その土地が備えている条件を把握することが重要である。

❶ 敷地と周辺環境の読取り

①敷地の規模と形状

　戸建て住宅の敷地規模は、建物の規模や、建物や庭などの配置計画に大きく影響する。一般的な戸建て住宅であれば、敷地の規模が小さいほど、設計の自由度は低くなり、隣地との関係に配慮した建物計画が求められる。既成市街地では極めて小さい敷地に住宅が建てられることもあり、狭小住宅などと呼ばれる。

　敷地の平面形状は、正方形や長方形などの整形地と、三角形や台形、L字型などの不整形地がある（図2.1）。整形地に比べ、不整形地は敷地の有効利用が図りにくい。通路状の細長い部分だけで道路と接している不整形敷地を、旗竿敷地といい、大きな敷地を分割して分譲した場合などによくみられ、接道長さが最低限の2mであることも多い。また、敷地のプロポーションにおいて、間口が狭く、奥行が広い短冊状の敷地もあり、うなぎの寝床などと呼ばれる（図2.2～2.3）。

②敷地の高低差

　敷地内に高低差や勾配がある場合、フラットな土地に比べ設計が難しくなるが、建物の計画によって、それらを空間に生かしたり、うまく処理したりすることができる。また、敷地と道路や隣地との高低差にも注意を要する。一般に敷地内の排水の点から、敷地は道路より高いほうが望ましいが、低い場合には特に配慮する。

③方位

　日本では、日照を十分に確保するという点から、主たる居室が南面することが重視され、方位は、建物や庭の配置、建物内の間取りを左右する。また、真北方向は斜線制限などの法的条件にも関係する。したがって、敷地と方位との関係を正確に把握しなければならない。

④道路

　敷地は必ず接道しなければならない。敷地が接する道路を前面道路といい、その幅員は容積率や斜線制限などの法的条件に関わっている。前面道路の方向や交通量は、住宅のアクセスのとり方を制限し、また、道路側の居室の配置やしつらえに配慮が必要になる場合もある。

⑤地盤

　敷地の地盤の強度は、その上に構築される建物の基礎や構造に関係する。特に軟弱地盤や急勾配斜面では、地盤改良や擁壁工事が必要となることもある。

⑥相隣環境

　相隣環境とは、相互に隣接する建物や庭や道路などで構成された身近な環境のことである。日照、通風、緑地などに直接関係するだけでなく、「向こう三軒両隣」といわれるように、近所づきあいの場として重要な範囲でも

図2.1　敷地形状の例

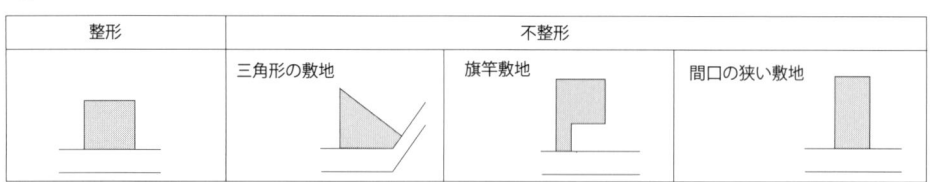

図2.2　旗竿敷地に建つ住宅（C／青木淳建築計画事務所）

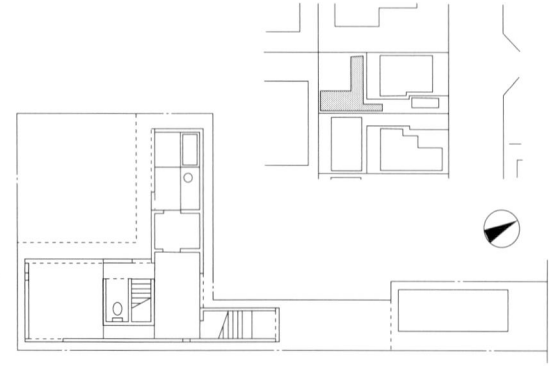

1階平面図　1/300

図2.3　間口の狭い敷地に建つ住宅（HOUSE YK／Island／赤松佳珠子／CAt）

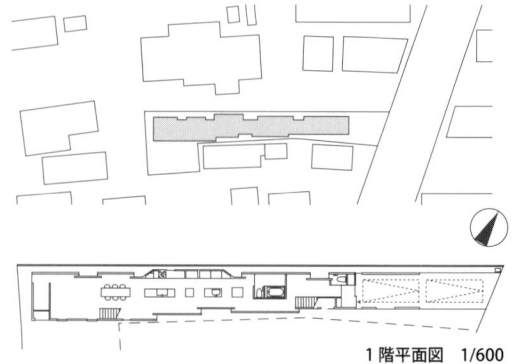

1階平面図　1/600

ある。

⑦ライフライン

　人々の生活に不可欠な水道（上・下水道）、電気、ガス、情報通信（電話・インターネット）などの供給が可能であるかを確認する。

⑧自然条件

　敷地を含む周辺環境の自然条件を把握する。特に、温度、湿度、降雨量、降雪量などの気象条件は、快適な住宅を設計するために極めて重要な事柄である。そのほか、地勢や植生、あるいは地震、風水害、雪害などの自然災害に関する情報も、住宅の快適性や安全性に関わってくる。

⑨周辺地域の建築密度や景観

　周辺地域の建築密度は地域によって大きく異なる（図2.4）。また、個々の住宅は周辺地域をつくり上げる一つの要素であり、その状況に対応した計画が求められる。例えば、密集住宅地では延焼のおそれを考える必要がある。

⑩立地

　住宅のロケーションを広域的に捉える。都心にあるのか郊外にあるのか、あるいは、都市的環境であるか自然的環境であるか、住環境として整備されているか否かなど、地域の状況は少なからず個々の住宅の性格に関わり、具体的な設計にも反映される。

⑪敷地の個性

　敷地の利点を生かした計画を行うことは、魅力的な住宅を設計する方法の一つである。「眺望が抜群によい」、「立派な樹木がある」など、敷地に固有の性質を発見し、その個性を十分に引き出す工夫が望ましい。

2 法的条件の把握

　建築基準法や都市計画法などに基づき、敷地および建物に対して、様々な法的規制が定められている。

①地域地区

　都市計画区域等の敷地には、用途地域や高度地区、防火地域・準防火地域などの地域地区が定められている。

　用途地域内に建てられる建築には制限があり、住宅は工業専用地域を除く全地域で建築可能である。住宅系用途地域としては、第1種・第2種低層住居専用地域、第1種・第2種中高層住居専用地域、第1種・第2種住居地域、準住居地域がある（表2.1）。用途地域内の建物には、容積率（延べ床面積の敷地面積に対する割合）や建ぺい率（建築面積の敷地面積に対する割合）の限度が指定されている。前面道路の幅員等の条件も考え合わせて、敷地に許される建築面積や延べ床面積の限度を把握する（表2.2～2.3）。

　高度地区は、市街地の環境を維持したり、土地利用の増進を図る地区で、建築の高さの最高限度または最低限度が定められている。これが定められている敷地では、斜線制限とともに建物の高さの限度を検討する。

　防火地域および準防火地域は、市街地で火災の危険を防除するための地区である。これらの地域では建築物の構造制限があり、規模などに応じて準耐火建築物や耐火建築物にしなければならない。

②前面道路

　都市計画区域等では、防災などの観点から、敷地は、原則、幅員4m以上の道路に2m以上で接しなければならない。ただし、周囲の状況に応じて条件は異なる。建築基準法第42条2項の道路等、幅員4m未満の道路に接道している場合など、道路（敷地）境界線を後退させて建築物を計画しなければならないこともある。

③建築の形態規制

　敷地に建てられる建築の建築面積や延べ床面積の限

図2.4　住宅地の建築密度

大田区田園調布3丁目
建ぺい率(%)　容積率(%)　道路率(%)
　36.7　　　　59.0　　　　20.5

墨田区京島3丁目
建ぺい率(%)　容積率(%)　道路率(%)
　57.3　　　　105.6　　　　16.5

表2.1　住宅に関する用途地域内の建築制限

用途地域		住居・共同住宅	兼用住宅
住居系	第1種・第2種低層住居専用地域	○	●
	第1種・第2種中高層住居専用地域	○	●
	第1種・第2種住居地域	○	○
	準住居地域	○	○
商業系	近隣商業地域	○	○
	商業地域	○	○
工業系	準工業地域	○	○
	工業地域	○	○
	工業専用地域	×	×

○：建築可能　　●：制限あり　　×：建築できない

兼用住宅とは事務所や店舗を兼ねた住宅のことである。延べ床面積の1/2以上が居住の用途で、その他の用途の部分が床面積50㎡以下でなければならない。その他の用途には、事務所、店舗や飲食店、塾等の教室、アトリエなどが含まれる。

設計・計画

度のほかに、絶対高さ制限や斜線制限、外壁の後退距離などによって、建築の形態（面積や高さ）は規制されている（表2.4）。

斜線制限は、道路や隣地の良好な環境を確保することを目的としたもので、道路斜線、隣地斜線、北側斜線がある（図2.5）。また、敷地によっては、高度地区による高度斜線制限も適用される。

道路斜線は、前面道路の反対側の境界線から一定の範囲（適用距離）において、一定の勾配で示され、建築の各部分の高さは、この斜線以下としなければいけない。隣地斜線は隣地境界線から、北側斜線は真北方向にある隣地境界線や前面道路の反対側の境界線から、一定の立上がりと勾配で示される。それぞれに緩和規定があり、道路斜線や隣地斜線では、建物がセットバックした場合、その距離だけ道路の反対側の境界線や隣地境界線も移動したものとして適用できる。斜線制限には、天空率の算定による緩和規定もある。

日影規制は、隣地等、敷地周辺の日照を確保するために、主として中高層建築物の高さを規制したものである（表2.5）。敷地境界線から5mと10mのラインを設け、これを超えた範囲に一定時間以上の日影を落とすことがないように定められている。規制は一律のものではなく、自治体の条例により対象区域や規制値が指定されている。

④まちづくり

地域を一体的に捉え、それぞれにふさわしいまちづくり、良好な住環境づくりを誘導するものとして、地区計画や建築協定などがある。これらの地域では、それぞれの趣旨に基づいて、建築物の敷地や用途、形態、意匠、構造、設備などについての制限を特別に設けていることがある。計画に先立って、敷地に対する地区計画や建築協定等の有無を確認しておく必要がある。

⑤集団規定と単体規定

①〜④は建築基準法の集団規定に関わる事柄で、個々の建築が都市環境を構成する一部として有効に機能するための規定であるといえる。これに対し、建築基準法の単体規定では、個々の建築が単体として有効に機能するための事柄が規定されている。建築が安全で衛生的であるために、構造耐力や構造仕様、防火、避難、採光・換気など様々な規定があり、これに基づいて、居室の採光面積、天井や床の高さ、階段の構造などの基準も定められている。住宅の各部の設計において、これらについても遵守する必要がある。

表2.2 用途地域内の容積率制限
容積率の限度は[A]または[B]のいずれか小さいほうの数値となる。

用途地域 \ 制限	[A] 原則の制限（%）（各数値の中から定められる）	[B] 前面道路の幅員<12mの場合の制限
第1種・第2種低層住居専用地域	50、60、80、100、150、200	前面道路の幅員（m）×0.4
第1種・第2種中高層住居専用地域	100、150、200、300、400、500	前面道路の幅員（m）×0.4（特定行政庁が指定した区域は0.6）
第1種・第2種住居地域		
準住居地域		
近隣商業地域		
準工業地域		前面道路の幅員（m）×0.6（特定行政庁が指定した区域は0.4または0.8）
商業地域	200、300、400、500、600、700、800、900、1000、1100、1200、1300	
工業地域	100、150、200、300、400	
工業専用地域		
無指定の区域	50、80、100、200、300、400	

注）高層住居誘導地区内については別途制限あり。

表2.3 用途地域内の建ぺい率制限

用途地域 \ 制限	[A] 原則の制限（%）（各数値の中から定められる）	[B] 角地の場合	[C] 防火地域内の耐火建築物の場合	[B]と[C]の両方に該当する場合
第1種・第2種低層住居専用地域	30、40、50、60	[A]+10	[A]+10	[A]+20
第1種・第2種中高層住居専用地域				
第1種・第2種住居地域	50、60、80	[A]+10	[A]+10 ただし、[A]=80の場合は制限なし	[A]+20 ただし、[A]=80の場合は制限なし
準住居地域				
準工業地域				
近隣商業地域	60、80			
商業地域	80		制限なし	制限なし
工業地域	50、60			
工業専用地域	30、40、50、60		[A]+10	[A]+20
無指定の区域	30、40、50、60、70			

注）制限なしとは建ぺい率100%のこと。
◎敷地が制限の異なる2以上の地域にわたる場合は、敷地面積比の加重平均となる。
◎敷地が防火地域の内外にわたる場合は、敷地内建築物のすべてが耐火建築物であれば、敷地はすべて防火地域内にあるとみなされる。

表 2.4　建物の高さ制限

制限＼用途地域	絶対高さ制限（m）	外壁の後退距離（m）	斜線制限 道路斜線 適用距離（m）*1	道路斜線 勾配*1	隣地斜線 立上がり（m）	隣地斜線 勾配	北側斜線 立上がり（m）	北側斜線 勾配
第1種・第2種低層住居専用地域	10、12	1、1.5	20、25、30、35	1.25			5	1.25
第1種・第2種中高層住居専用地域				1.25 (1.5)	20、31*2	1.25、2.5*2	10*3	1.25*3
第1種・第2種住居地域								
準住居地域								
近隣商業地域			20、25、30、35、40、45、50	1.5	31	2.5		
商業地域								
準工業地域								
工業地域			20、25、30、35					
工業専用地域								
無指定の区域			20、25、30	1.25、1.5	20、31*2	1.25、2.5*2		

*1　道路斜線の適用距離や勾配は容積率の限度などに従って定められる。
*2　特定行政庁が定める。
*3　日影規制があるときは除外される。

図 2.5　斜線制限

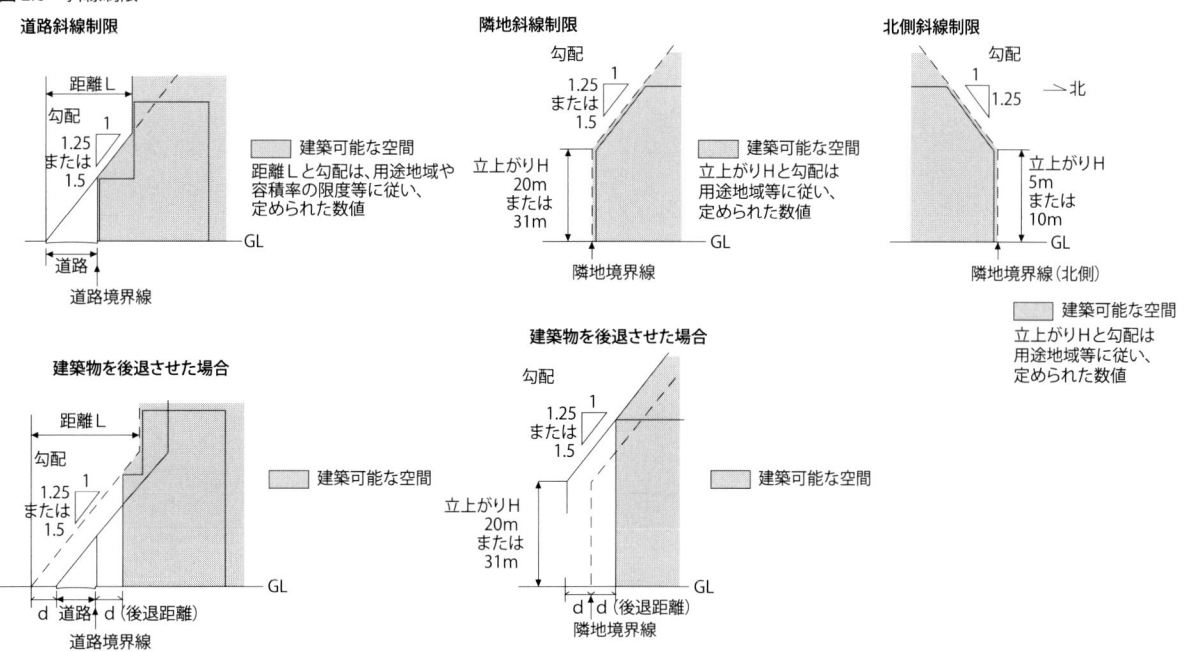

表 2.5　日影規制

制限＼用途地域	[A]対象建築物	[B]測定面の高さ	[C]日影規制時間 [C1]5m＜敷地境界線からの水平距離≦10m	[C2]10m＜敷地境界線からの水平距離
第1種・第2種低層住居専用地域	軒高＞7mまたは地上階数≧3	1.5m	3、4、5 (2、3、4) の中から決定	2、2.5、3 (1.5、2、2.5) の中から決定
第1種・第2種中高層住居専用地域	建築物高さ＞10m	4m、6.5m（条例で指定）	4、5 (3、4) の中から決定	2.5、3 (2、2.5) の中から決定
第1種・第2種住居地域				
準住居地域				
近隣商業地域				
準工業地域				
商業地域				
工業地域				
工業専用地域				
無指定の区域	（条例で指定）			

（　）内は北海道地区に適用

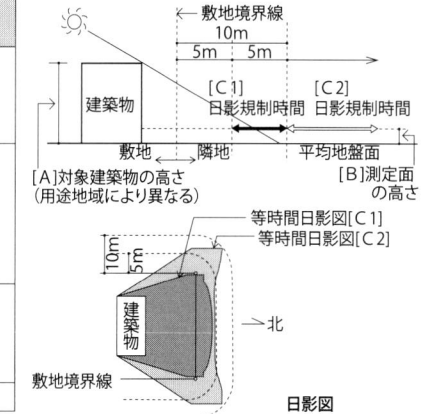

日影図

設計・計画

2.2　居住者像とライフスタイルを把握する

　住居は、人間が生まれ、家族とともに生き、最期は一生を終える場所である。したがって設計者は、居住者像とそのライフスタイル、さらには価値観までも正しく把握することが必要であり、その理解を適切な建築空間に翻訳し、かたちにする能力が求められる。一方で、近年では「終の棲家」という伝統的な観念が崩壊していることも事実であり、一生ひとつの住宅に住まずに、買換えや転居することもある。住宅が社会のストックとして定着するためには、住み継がれていくだけの質の高さと普遍性を獲得することも設計者の使命である。

❶ ライフステージ

　人間の一生における段階は、幼年期・児童期・青年期・壮年期・老年期に分かれ、家族においては、新婚期・育児期・教育期・子独立期・老夫婦期に分かれる。住宅は建築当時の生活者の生活様式に合わせて設計するが、長い目で見て、家族の生活様式の変化に対応できるように計画することが、真の意味で住宅の長寿命化につながる。将来増築するための敷地を計画しておくことや、間仕切り壁の設置や撤去による間取りの変更、部屋の転用などに対して対応できるフレキシビリティが必要になる（図2.6〜2.7）。

❷ 家族構成

①単身者住宅

　都市部では、単身者の世帯数が増加しており、今後ますます増えていくものと思われる（図2.8）。

②夫婦世帯

　子供がいない共働き夫婦（DINKS）などがこれに該当する。子供が独立した高齢者夫婦の世帯も目立つ。これから子供をもつ若い夫婦の場合には、子供の誕生が住宅新築の契機となることがある。

③二世帯住宅／多世帯住宅

　独立した複数の家族が、一つの棟に同居する形式の住居、多くの場合は親子の血縁関係を有する「二世代住居」であるが、血縁関係がない場合には集合住宅に近くなる。二つの家族の分離と共有のあり方から、分離型、部分共有型、融合型に分類することができる（図2.9）。

　分離型は、二世帯が完結した生活単位を守りながら住むタイプで、世帯の独立性が高く、プライバシーを確保しやすい。住居全体の面積は大きくなりがちである。

　部分共有型は、玄関や水まわりなどの共有部分をもちながらも、世帯としての生活単位を守って住むタイプである。共有部分があるがゆえに、専有部分の独立性をい

図2.6　人間の一生における段階

年齢	0	10	20	30	40	50	60	70	80	90歳
人間の成長段階	発育期		自立期		活動期		安定期		自由期	保護期
	養育	教育		労働				余暇	介護	
	生	乳幼	小中高大	青		壮		老		死

図2.7　家族のライフサイクル

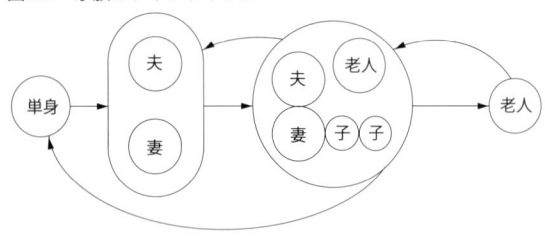

図2.9　二世帯住宅の分類

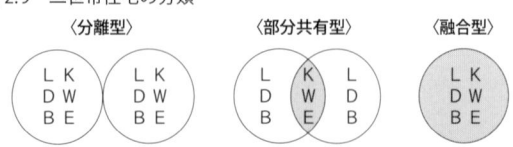

L：リビング　D：ダイニング　B：寝室　K：キッチン　W：水まわり　E：玄関

図2.8　単身者住宅（ウノキ／bbr）

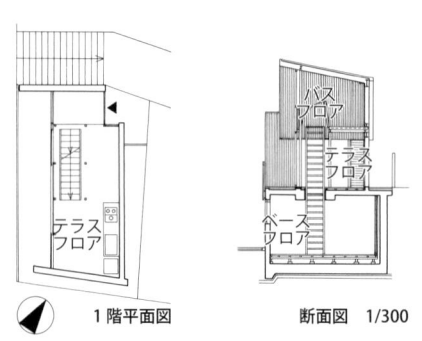

1階平面図　　　断面図　1/300

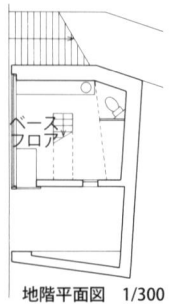
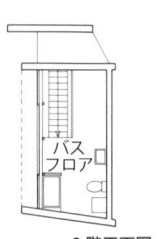

地階平面図　1/300　　　2階平面図

かに確保するか工夫が必要になる。

融合型は、二世帯が一つの家族として、リビング、ダイニング、水まわりなどを共有するタイプ。住居全体の面積は小さく収まるが、世帯間のプライバシーや独立性は保たれない。

④高齢者住宅(バリアフリー住宅)

高齢化社会を迎え、ますます高齢者住宅の重要性は高まっている。親子同居の場合には、住戸内に高齢単身者、高齢夫婦のための高齢者室を設ける。子供が独立した高齢者夫婦や単身高齢者の世帯の場合には、住宅全体が高齢者向けの空間になる。高齢者だからといって、必ずしも畳に布団を敷く起居を前提とする必要はない。洋間の生活やLD形式に慣れ親しんでいることや、布団の上げ下ろしの負担を考えてベッドを配置するのが望ましい。いずれにせよ、高齢者のこれまでの生活様式をよく踏まえたうえで計画する。便所は使用頻度が高まるので、居室の近くに配置するのがよい。建具や廊下の間口は広く、余裕があれば、車椅子が通れるように計画する。便所や浴室には手すりを設置する。ヒートショックを防止するための適切な空調計画をたてる。近年はコンパクトなホーム用エレベーターが商品化され普及しているので、2階建て、3階建て住宅では大変便利である(図2.10)。

❸ 仕事・趣味・余暇

①店舗兼用住宅、仕事場兼用住宅

仕事場や店舗を住宅に併設したものを兼用住宅と呼ぶ。近年は小さな仕事場を住居内にもつ「SOHO住宅」が増えてきている。1階に店舗や仕事場のスペースを配置し、上階に居住スペースを配置するのが一般的である。住居部分へは独立したアプローチ(階段)を設けることもある。兼用住宅の規模と用途には建築基準法により、一定の制限が定められている(図2.11)。

②別荘

週末や長期休暇の期間、余暇や休息を目的とし、一時的に生活するための住居。気候が温暖、冷涼で風景や自然に恵まれた敷地を選んで建設する(図2.12)。

❹ 予算とスケジュール

設計の前に、全体の予算、資金の種類、支払い条件などを把握しておくことも大切である。予算は無制限ではないので、設計条件の優先順位を明確化し、適切な建築計画を導くことが重要である。これには経験と的確な判断力が必要になる。このほかに設計工程の立案、場合によっては、将来的な建替え、修繕計画等の長期的なスケジュールも念頭におくことが必要である。

図2.10 高齢者住宅(共に暮らすいえ／木村建築研究室)

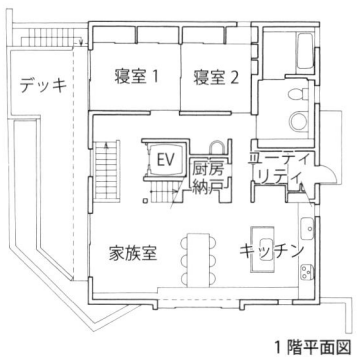
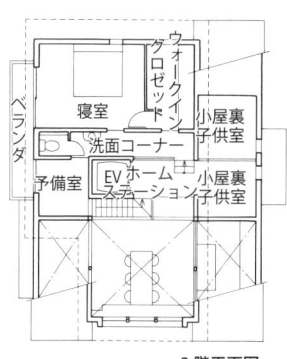

図2.11 兼用住宅(P・O・M／西森事務所)　　図2.12 別荘(森の別荘／妹島和世建築設計事務所)

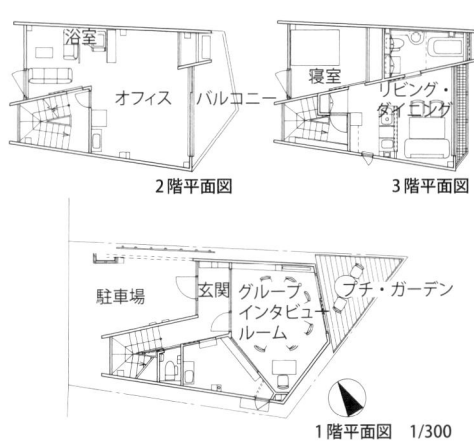
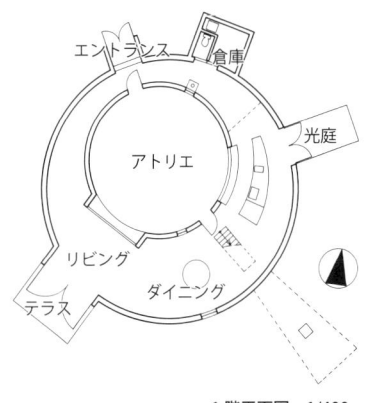

2.3 平面・断面を考える

1 敷地と建物の規模

日本における住宅床面積は諸外国に比べて小さく、1人当たりの住宅床面積も小さい（図2.13）。日本国内をみれば、戸建て住宅の敷地面積は、地方に比べて都心部でかなり小さく、100㎡以下の敷地が半数以上を占めている（図2.14）。また、戸建て住宅の延べ床面積は全国平均120㎡程度で（図2.15）、建物の規模も都心部から離れるにつれ大きくなる（図2.16）。すなわち、都市部ほど、より小さい敷地や建物の計画が求められる傾向にある。

敷地の規模は建物の規模と関係し、両者のバランスを考え計画する。また、十分な広さをもたない敷地では、敷地面積と法的要件を考え合わせて、建物規模の限度をあらかじめ把握しておく。

2 建物の配置計画

敷地内における建物の配置計画は、敷地の形状や規模、建物の規模を踏まえたうえで、敷地と道路・隣地の関係、敷地内の建物と庭の関係、方位などを総合的に検討して決定する（図2.17）。

①接道のタイプ

敷地の接道条件は、人や自動車のアプローチの方向を決定づけるので、建物の配置計画にも関わってくる。敷地の一面（一方向）で道路に接するものが一般的であるが、角地の場合には、直交する二面（二方向）に道路がある。そのほかに、平行する二方向や三方向で接道することもある（図2.18）。

②建物配置のタイプ

敷地内の建物配置のタイプを、建物と空きの関係から捉えると、大きくは、敷地周囲に庭なども含めた空きをとりながら建物を配置する「外庭型」と、敷地いっぱいに建物を建て、建物の内側に中庭や光庭などの空きを設ける「内庭型」がある。日本の戸建て住宅は、前者に属するものが圧倒的に多い。特に、敷地の北側に建物、南側に庭をとるなど、敷地の片側に建物を寄せるタイプが一般的であるが、外周全体に空きをとるタイプもある。一方、後者には、中庭をとるタイプがあり、コートハウスと呼ばれる。都市型住宅のように、小さい光庭を設けたものもこれに含まれるが、敷地が極端に狭い場合などでは、空きを全くとらないタイプもある。

接道条件や建物配置のタイプ、方位などの組合せにより、様々な住宅の配置パターンが考えられる（図2.19）。

③住宅の外部空間

敷地は道路境界線や隣地境界線の敷地境界線によってその範囲が決められ、その中に建物と外部空間が計画

図2.13 住宅床面積の国際比較

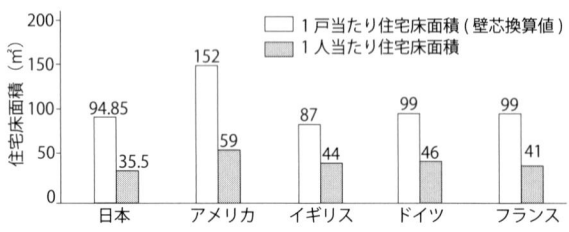

図2.15 住宅の建て方別にみた専用住宅の平均延べ面積（平成15年）

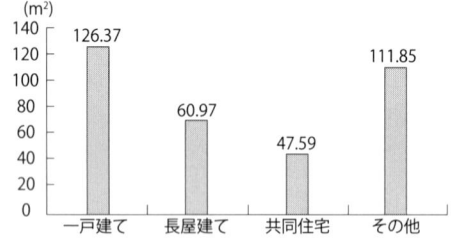

図2.16 東京70キロ圏専用住宅の規模（平成15年）

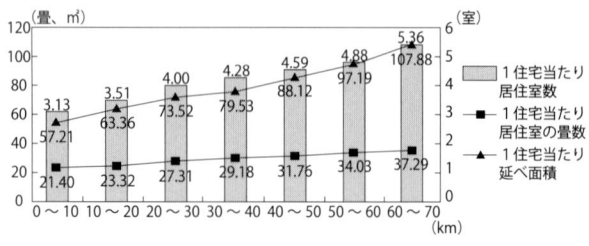

図2.14 敷地面積別にみた一戸建て住宅数の割合

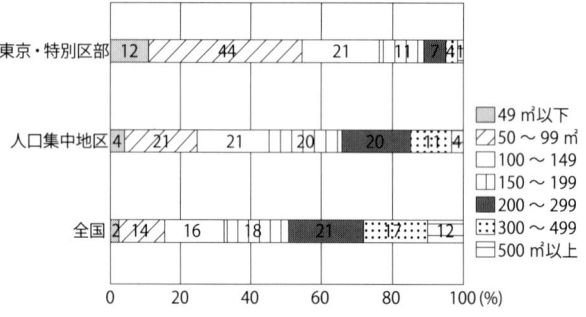

図2.17 配置計画

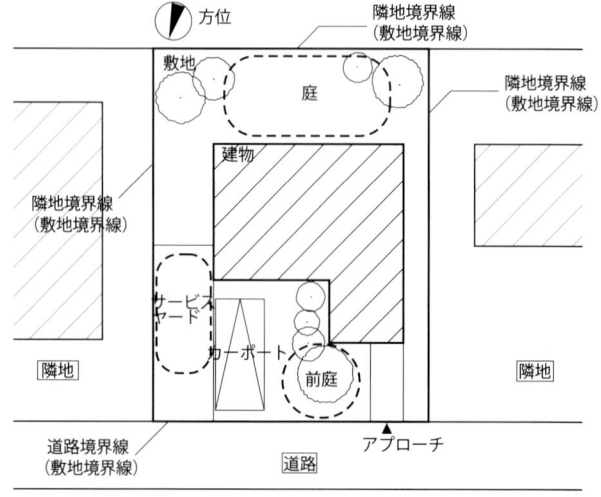

される。住宅の外部空間の機能は、1）生活を屋内から屋外へと延長する、2）屋外の家事やサービス、収納を担う、3）隣地との緩衝空間として、住環境を調整する、の3点が挙げられ、大きくは「庭」「前庭」「サービスヤード」に分けられる。それぞれの庭は建物内の諸室や道路と密接につながり、配置される。

ⅰ）庭：主たる室内空間と結びつき、植栽などが施されることも多い。住宅内への日照や通風、景観に寄与する。遊びや運動などの屋外活動が行われる場所でもある。

ⅱ）前庭：敷地の入口から建物の玄関に至る場所である。門などが設置され、アプローチとしての機能を担い、この部分に駐車スペースがとられることもある。住宅の顔となり、街並みの景観を構成する空間でもある。

ⅲ）サービスヤード：洗濯物干しなど屋外での家事や作業、あるいはごみなどの収納を行うスペースで、機能的、衛生的であって、比較的人目につきにくいところに置かれる。これに向けて勝手口が設けられることもある。

④アプローチ空間

道路から、敷地の出入口を通って、建物の玄関に至るまでのアプローチ空間は、敷地の規模や形状、道路のつき方によって様々である。長いアプローチ空間がとれるものもあれば、道路と建物が密接しアプローチ空間がとれないものもあり、状況に応じた工夫が必要である。敷地南側からアプローチする住宅は、庭や南面する居室への視線を遮断する工夫が必要となる。

⑤敷地境界部

ⅰ）道路境界部：車や人の通る公共空間としての道路との接点である。住宅のプライバシーを確保するために、視線や音に対する対策として、塀や植栽、樹木を配置したり、開口部の少ない壁面にするなどの工夫が必要である。街並みの景観にも配慮した計画を行う。

ⅱ）隣地境界部：隣地建物との隙間の空間は、日照や通風を確保し、住人の視線や音の緩衝空間としての役割をもつ。隣地境界部では、互いの建物開口部の位置に留意して計画する。民法上、建物は隣地境界線より50cm以上離して建てることになっているが、取決めによって敷地いっぱいまで建てる場合もあり、ゼロロット区画と呼ばれる。この空間の寸法が小さいほど隣地に対する配慮が必要となる。

⑥街並みへの配慮

敷地の周辺環境が良好でない場合、ある程度、周囲から住宅を切り離し、自立的に計画することも必要である。しかし、一般的に良好な住宅地では、周辺環境との調和を考え、住宅を周辺に融合させるように、周囲や街並みに配慮した住宅の配置や景観の計画を行うべきである。図2.20は、2戸の戸建て住宅をセットで計画することで、通常とは異なった住宅の配置計画を実現し、街並みをつくり上げた事例である。

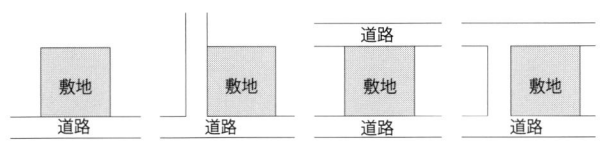

図2.18　敷地の接道タイプ
1. 一方向接道　2. 二方向接道（角地）　3. その他

図2.19　敷地内の建物配置タイプ
1. 片側によせる　2. 外周にとる　3. 中庭をとる　4. 空きをとらない

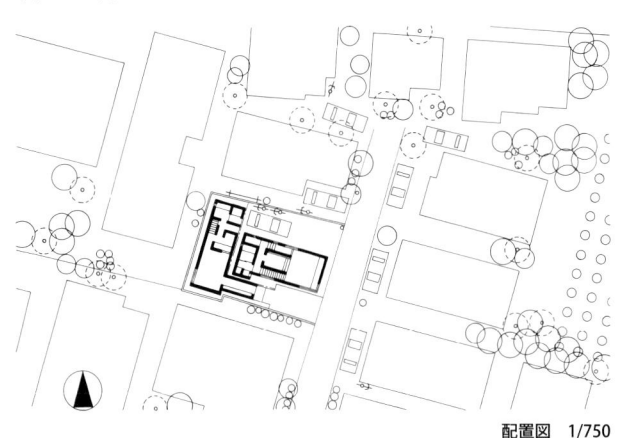

図2.20　街並みに配慮した住宅（T-set／千葉学建築計画事務所）
配置図　1/750

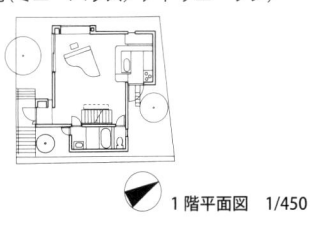

外庭型住宅（ミニ・ハウス／アトリエ・ワン）
1階平面図　1/450

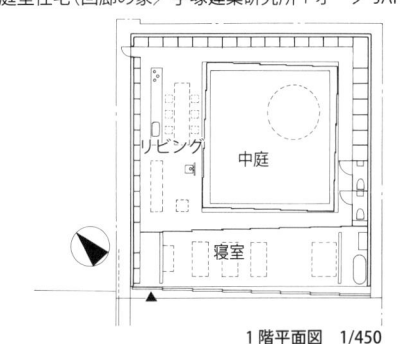

内庭型住宅（回廊の家／手塚建築研究所＋オーノJAPAN）
1階平面図　1/450

設計・計画　23

❸ 居室の配置計画

建物内の居室の配置を計画するために、生活行為との関係から居室の機能を捉え、居室相互のつながりや外部とのつながりを考える。

①生活行為と居室の種類

表2.6は住宅内で行われる様々な生活行為と、居室（空間）との対応関係を一覧にしたものである。生活行為と居室は必ずしも1対1に対応するものではなく、住む人の生活形態によっても異なるが、次のような五つに分類された生活行為との関係で捉えることができる。

ⅰ）集団的行為：接客、家族の団らん、食事、娯楽などは、家族や時には他人を含む複数の人々で行われる集団的行為である。ほかの生活行為と比べ、公的な性格が強い。これらの行為が行われるのは、主としてリビングルーム（居間）やダイニングルーム（食事室）である。このような居室には、人々が集まるのに適切な広さや開放性が必要となる。

ⅱ）個人的行為：勉強、仕事、就寝などは、個人で行われる行為であり、私的な性格が強い。これらの行為は、寝室や子供室などの個室において行われることが多い。したがって、これらの居室には勉強や仕事に集中でき、就寝を妨げないなど、プライバシーが確保された空間が求められる。

ⅲ）家事作業的行為：料理、洗濯、掃除などは、家庭生活を支える作業を伴う行為である。掃除は全居室にわたって行われるが、料理や洗濯は、キッチン（台所）や洗濯室、ユーティリティなどの水まわりで行われる。これらの空間は機能的であること、すなわち、それぞれの行為にみられる動作や順序を考慮し、効率的に作業できることが重要である。

ⅳ）生理衛生的行為：入浴、洗面や手洗い、排泄などは、もっぱら浴室、洗面所・サニタリー、便所など、それぞれの行為に特化された空間で行われる。これらの空間は、衛生的であることが第一であるが、入浴でくつろぐなど、快適な空間づくりが求められることもある。

ⅴ）そのほかの行為として、それぞれの生活行為をつなぐ「移動」がある。そのための空間として廊下や階段があり、各生活行為を円滑に進めるために合理的な計画が求められる。また、物を保管し、収納する行為に対して倉庫などがある。

②居室のつながり—平面的展開

居室の平面的なつながり方は様々であるが、幾つかの特徴的な形式として次のようなものがある（図2.21）。

ⅰ）片廊下型：日照や眺望のよい方向に面して、居室を一列に配置し、反対側に廊下などの通路空間を通す形式である。細長いプランとなるので、実現できる敷地の形状は限定されている。各室の条件を平等にでき、独立性を確保しやすい。一方、生活動線が長くなり、通路面積も大きくなる傾向にあるので、事例（北茨城の平屋）にあるように、収納などとうまく組み合わせて、有効利用を図るとよい。

ⅱ）中廊下型：平面中央に廊下などの通路空間を設け、その両側に居室を配置する形式である。各居室の独立性を保ちつつ、コンパクトにプランをまとめられるので、一般の住宅に多く見られる。この場合、両側の居室の条件が異なることや中廊下の採光が採りにくいことなどに配慮する。事例（学園前の家）のように、敷地に余裕のある場合には、中廊下をプランの骨格に据え、豊かな空間の変化をつくり上げることもできる。

ⅲ）ホール型：平面中央にリビングルームなどのメインとなる居室を設け、その周囲に各居室を配置する形式である。通路面積が少なく、面積を有効利用できる。中心となる居室は、家族が集まりやすい反面、各室への出入りを考えて家具を配置しなければならず、採光や通風に

表2.6 生活行為と居室の対応

生活行為		空間の名称	リビング（居間）	ダイニング（食堂）	応接室（客間）	キッチン（台所）	洗濯室・ユーティリティ	浴室	サニタリー・洗面	便所	書斎	主寝室（個室）	子供室（個室）	客室（個室）	廊下	倉庫・納戸	玄関	バルコニー・テラス
公的 ↑ ↓ 私的	集団	接客	○	○	○												○	
		家族の団らん	○	○														○
		娯楽・趣味	○	○								○	○	○				
		食事・飲食	○	○														
	家事作業	料理				○												
		洗濯					○											○
	生理衛星	入浴						○	○									
		衛生							○									
		排せつ							○	○								
	個人	勉強・仕事									○	○	○					
		就寝										○	○	○				
	その他	移動													○		○	
		保管														○		

も工夫が必要である。

iv）ワンルーム型：各居室を間仕切り壁などで仕切ることはせず、大きな一室の居室として、各場所に家具などを利用し機能を与える形式である。小さい居室で区切るよりも、面積を有効利用でき、視界が広がって開放感も得られるので、特に小さい住宅に適している。しかし、プライバシーは確保しにくいので、家族の形態と合わせて考える。事例（矩形の森）のように、家具だけでなく、柱などの構造体が場所を規定するものもある。

ⅴ）コートヤード型：敷地の周囲に建物や壁を巡らし、その内側に設けられたコートヤード（中庭）に面して各居室を配置する形式である。（東京下町・回遊住宅）中庭から日照や通風をとり、道路や隣地の音や視線も避けやすい。このように住宅を周囲の状況から遮断し、安定した環境を得ることができる一方で、周辺に対しては閉鎖的になりがちなため、街並みに対する配慮も必要である。一つの建物に複数の小さいコートヤードを設けた事例もある。

ⅵ）コア型：平面の中心に水まわりや階段などを集中して配置し、その周囲に居室を設ける形式である。居室は、

図2.21 居室のつながり―平面的展開

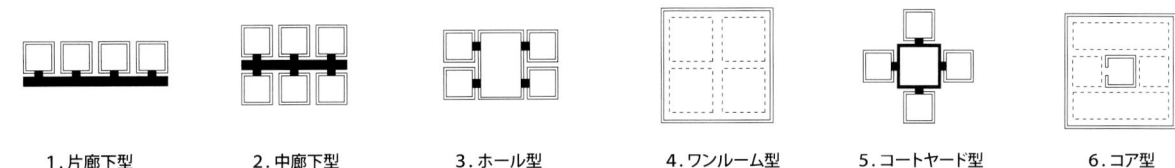

1.片廊下型　　2.中廊下型　　3.ホール型　　4.ワンルーム型　　5.コートヤード型　　6.コア型

事例

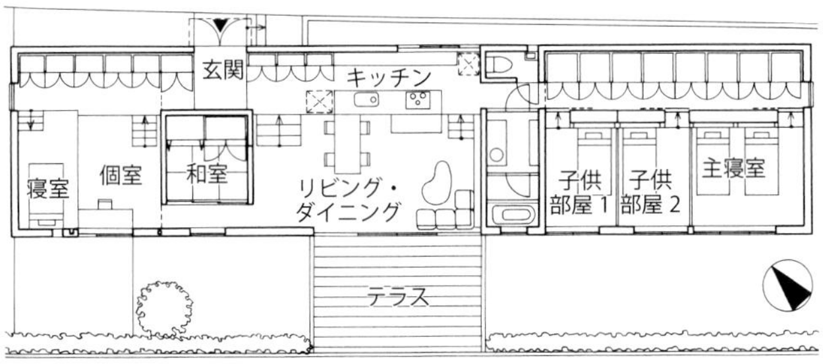

片廊下型（北茨城の平屋／納谷建築設計事務所）　1/300

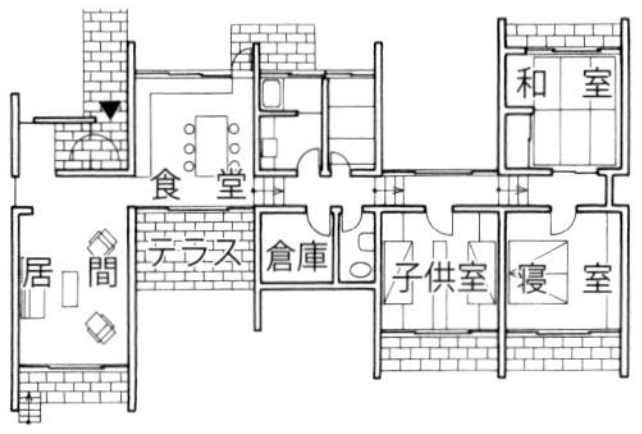

中廊下型（学園前の家／板倉建築研究所）　1/450

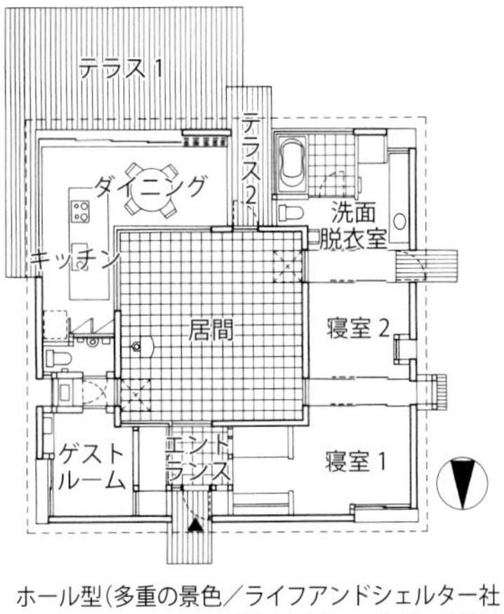

ホール型（多重の景色／ライフアンドシェルター社 + MASAHIRO IKEDA co., ltd）　1/300

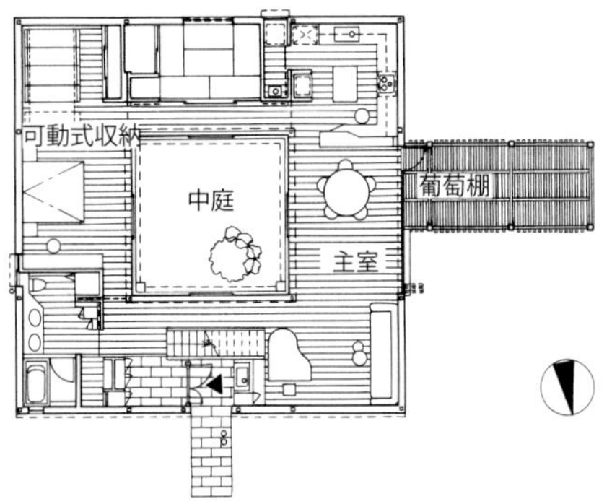

コートヤード型（東京下町・回遊住宅／横河設計工房）　1/250

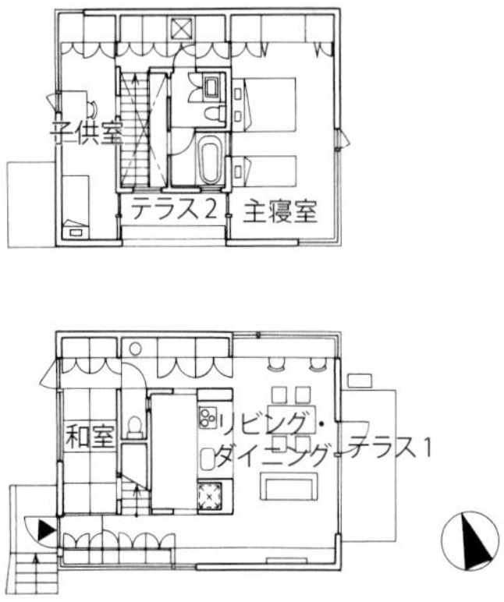

コア型（北鎌倉の家／千葉学建築計画事務所）　1/250

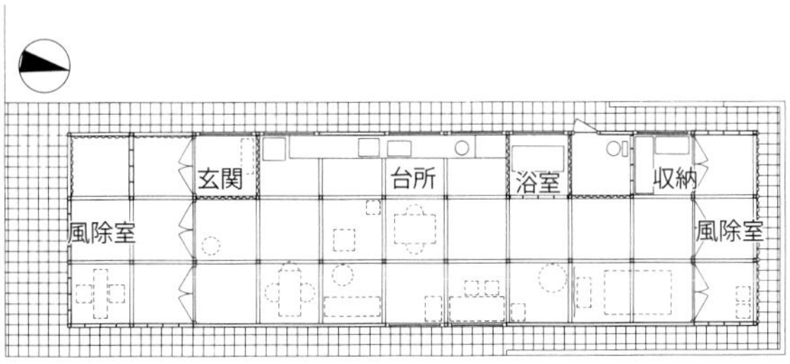

ワンルーム型（矩形の森／五十嵐淳建築設計）　1/300

設計・計画　25

間仕切り壁で仕切られることが少ないワンルーム的な空間で、それぞれの場所に適した機能を配置する。コンパクトながらも回遊性のあるプランを実現できる。水まわりを集中させているので経済的であるが、居室部分の独立性やプライバシーは確保しにくく、建具などを用いた工夫が必要である。（北鎌倉の家）

③居室のつながり―立体的展開

都市住宅などの容積率の高い住宅では、各居室の立体的なつながり方も計画上の重要なポイントとなり、その形式として次のようなものがある（図2.22）。

ⅰ）積層型：各階ごとに異なる機能の居室を積層させ、階段室などで接続する形式である。面積に余裕のない都市型住宅などによくみられる。各居室の独立性は確保しやすい。周囲の状況によっては、上下階で居室の環境条件が異なる場合もあるので、それに応じて機能を配置する工夫が必要である。上層階の居室であるからこそ獲得できる眺望のよさや開放性を生かした事例（4m×4mの家）もみられる。

ⅱ）立体ワンルーム型：建物内部がフロアで完全に仕切られることを排除し、立体的なワンルームと捉えて、各機能をもった居室や階段を配置する形式である。垂直方向の視線の広がりが確保できるので、面積の小さい住宅においては特に有効な構成である。家族の気配を感じられるなど、建物内部の一体感が実現される。一方、室内気候も建物内で一体となり、居室ごとに個別に調整しにくいので環境・設備計画に留意する。（仙川の住宅）

ⅲ）吹抜け型：中心となる居室を吹抜け空間にして、その周囲に各居室を配置する形式である。単純ではあるが、中心性のある明快な空間構成である。吹抜け空間をリビングルームなどにすれば、家族が集まりやすく、ゆとりのある空間にすることができ、一般の住宅にもよくみられる。（箱の家001）

ⅳ）スキップ型：それぞれの機能をもったフロアを半階ずつずらして積層させる形式である。間仕切り壁を設けなくとも、床レベルの違いによって、空間を分節することができる。また、フロアの面積が小さくとも、ほかのフロアに視線が通るので、実際より広く感じられる。地形の傾斜に合わせて、スキップフロアを構成する事例もあり、豊かな空間変化が実現されている。（高田の町家）

④動線計画

動線とは、建築における人や物の移動の軌跡である。住宅においても、様々な生活行為とともに人や物が移動

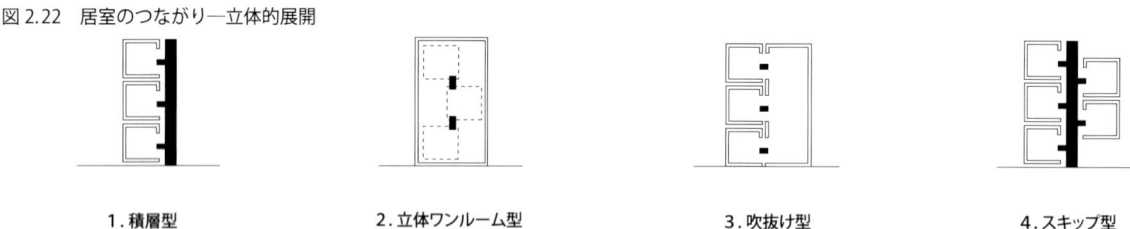

図2.22　居室のつながり―立体的展開

1．積層型　　2．立体ワンルーム型　　3．吹抜け型　　4．スキップ型

事例

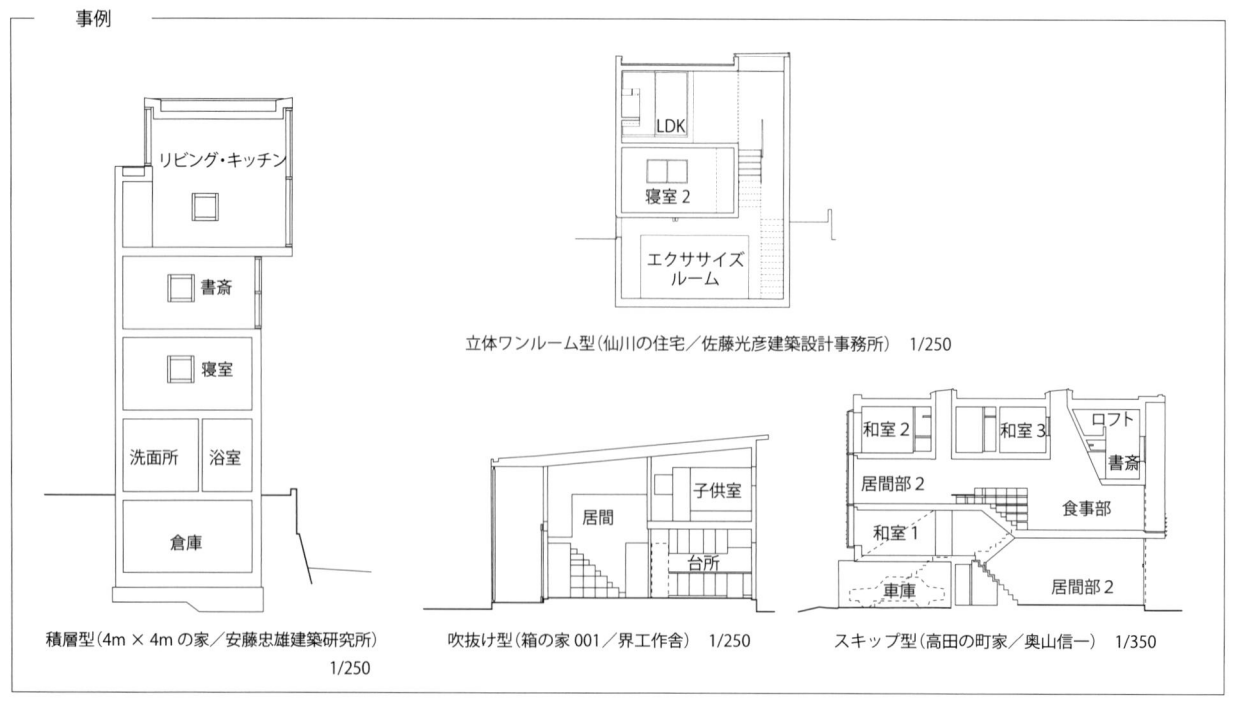

積層型（4m×4mの家／安藤忠雄建築研究所）1/250

立体ワンルーム型（仙川の住宅／佐藤光彦建築設計事務所）1/250

吹抜け型（箱の家001／界工作舎）1/250

スキップ型（高田の町家／奥山信一）1/350

する。主要な人や物の移動を想定しながら、居室を配置し、各部を設計することを動線計画という。動線計画は、住宅の使い勝手に直接関与するという点で極めて重要である。同時に、主要な人の動きを捉えることによって、空間設計の力点を見定めることができる。

動線計画として一般に考慮すべき点は、次の通りである。

（a）特定の目的をもつ利用頻度の高い動線は簡潔で短いこと。例えば、キッチンとダイニングルームの間の人や物の往来は頻繁に発生するので、動線は短いほうがよい。
（b）異種の動線が混在しないこと。たとえば、来客の動線と家事の動線が交錯しないようにする。
（c）単なる通過動線が他の生活行為を妨げないこと。たとえば、居間の中央を通らなければ、他の場所に行けないようなプランは避ける。

図2.23 は主たる動線を立体的に示した動線図である。敷地の入口から、1階の玄関、廊下に入り、両側にサニタリーと寝室が配置される。階段を昇ると、2階のリビング、スタディコーナー、ダイニング、キッチンがループ状に配置される。さらに、階段を昇り、3階の子供室、ルーフバルコニーに至る。この住宅の動線計画では、日常的に発生頻度の高い移動が、無駄なく円滑に行われるように、居室や機能が配置されている。それとともに、動線を回る愉しみをつくり出す仕掛けとして、回遊性をもたせたり、天井高や開口部によって空間の変化を演出している。

⑤ゾーニング（ゾーン・プランニング）

複数の居室を組織化し、一つの住宅にまとめ上げるために、そこで行われる生活行為などの観点から、共通した性格を帯びている複数の居室をグループ化し、グループごとに適切な位置に配置する。このように関連ある機能などを考えて、空間を幾つかに分けて配置することをゾーニング（ゾーン・プランニング）という。居室を個別に捉えて全体を組み立てるよりも、秩序立てて考えやすい。住宅のゾーニングにおいては、主として次の3点を考える。

（a）どのような関連性で居室をまとめ上げるか。
（b）各ゾーンが必要とする規模や環境の条件は何か。
（c）ゾーン同士の関係はどうあるべきか。

ゾーンのまとめ方は様々であるが、例えば、リビングルームやダイニングルームなど、家族や来客が利用する居室を「パブリックゾーン」とし、寝室や子供室など個人で利用する居室を「プライベートゾーン」とすることがある。また、家族で共用する浴室、脱衣室、洗面室、便所などの水まわり空間をまとめた「サニタリーゾーン」、玄関や応接間などをまとめた「来客ゾーン」、あるいは子供室やテラスなどをまとめた「子供ゾーン」なども考えられる。

各ゾーンが必要とする環境的条件には、1）日照や通風の必要性、2）プライバシーの程度、3）騒音の程度、

図2.23 住宅内の動線（DOUBLE CUBE／インタースペース・アーキテクツ）

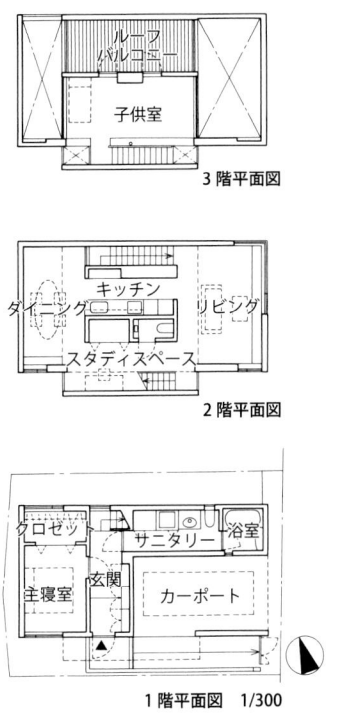

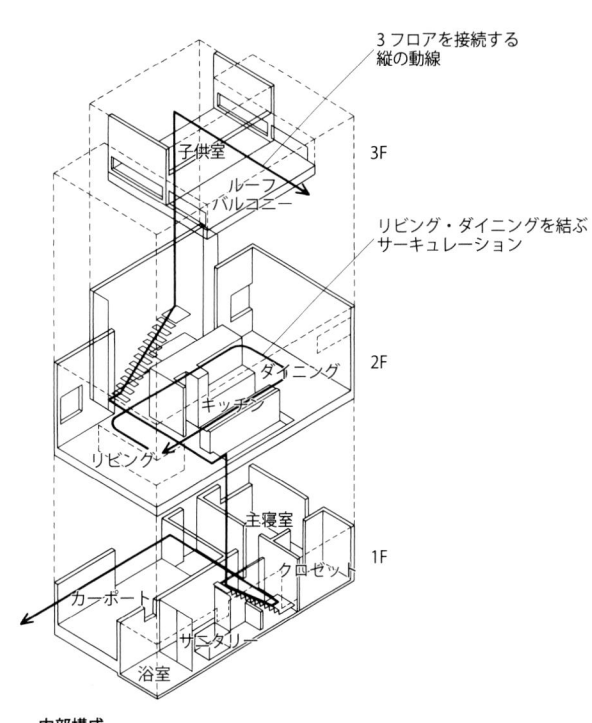

などが挙げられる。それらの程度に応じて、各ゾーンの配置を決定する。

一つのゾーンの中では、居室を分離したり、結合したりして再編することがある。リビングルーム、ダイニングルーム、キッチンの一室化はその典型例である。リビングルームの一部をパソコンコーナーとしたり、キッチンに家事コーナーを設けたりするのも、生活者の行為に即してゾーニングと居室の再編を行った一例といえる。

⑥シークエンス

住宅は、合理的、機能的に計画するだけでなく、生活を楽しむことができる豊かな空間として仕立てるべきである。個々の空間や場の豊かさとともに、それらのもつ場面の連続や移り変わりをつくり上げる、すなわち、住宅の中に豊かな「シークエンス」を形成することは、生活を楽しむ空間をつくる方法の一つである。

ル・コルビュジエのサヴォア邸（図1.8〜1.9）は、シークエンスのある住宅とされるが、場面をつなぐ仕掛けとして、室内のスロープなどが巧妙に計画されている。

❹ 内部と外部をつなぐ計画

住宅の内部と外部は完全に切り離された空間ではない。外部が室内の居住性能を左右し、また、生活者の活動が内外にわたることもある。内部と外部の関係をどのように築くかは、住宅における重要な課題の一つである。

①内部と外部の中間領域

日本の伝統的家屋の縁側は、軒先を深くして内外を建具で仕切ることによって採光や通風を調整し、外部と内部を媒介するものである。このように、内部と外部の連続性をつくり上げるために、内部と外部の中間に、テラスや土間などを配し、深い庇のかかった半外部空間を設けることがある。これにより、室内に適度な採光や通風を確保し、内から外への水平的な空間の広がりが形成され、開放的な住宅が実現できる（図2.24）。

②内部の外部化、外部の内部化

都市住宅では、中庭や光庭のような建物や塀で囲われた小さい外部空間に向けて開口を設け、採光・通風をとる。このような外部空間によって外と内との連続性を確保している。

一方、屋上空間を積極的に利用する、あるいは上層階の室内に大開口を設け、内部空間を外部のように仕立てるなどして、内と外の中間的な領域を形成している事例もある（図2.25）。

図2.24 半外部空間をつくる深い庇（左：BOZ／彦根建築設計事務所、右：ワタナベ邸／熊倉洋介建築設計事務所）

図2.25 外部的な内部空間（左：トーキョー／アーキプロ、右：T2／石田敏明建築設計事務所）

2.4　空間の寸法を考える

❶ インテリア空間の設計

インテリア空間は、床、壁、天井によって規定された空間に、開口部や各種の設備、家具が設けられ、空気、熱、光、音などの室内環境条件が整うことで、はじめて生活空間としての機能を果たすことができる。 インテリア空間の設計には、次の三つのプロセスがある。

(a) 室(単位空間)の大きさやプロポーション、開口部の位置や大きさを決定する。

(b) 室に設置される設備や家具などの種類、位置、大きさを決定する。

(c) 室の床、壁、天井、その他設備や家具の材料や色彩など、室空間の内装仕上げを決定する。

❷ インテリア空間の寸法

①人体寸法

インテリア空間の寸法を決める場合、その基礎となるのは人体寸法である。人体寸法とは、身長、眼高、手を伸ばした高さなど、人体の各部位の寸法をいう。インテリア空間の各部分や家具の寸法は、身長をはじめとする人体寸法との関係から決定されることが多く、とりわけ、住宅ではその傾向が強い。

ル・コルビュジエが提唱した「モデュロール」は、デザインのための寸法の比例体系のことで、人体の寸法やその比例の関係を基本に黄金比で構成されている(図2.26)。

②動作空間の寸法

人の日常的な生活動作は、建築や家具などと直接的に関わりをもつことが多い。人体が動作するために身体を動かしたときにつくられる運動の領域を表す寸法を「動作寸法」といい、これに必要なものの大きさやゆとりを加え、直交座標軸の立方体で表した空間を「動作空間」という(図 2.27)。

この動作空間を、床、壁、天井による室あるいはその一部に納めるので、動作空間は室の大きさを決めるうえでの基本となる単位であり、インテリア空間の設計では様々な動作空間の寸法を押さえておく必要がある。

③単位空間の寸法

「単位空間」とは、建築において機能的なまとまりをもつ、単位となる空間のことである。住宅における単位空間は、あるまとまりをもった生活行為が行われる空間であり、動作空間の集まりとして捉えることができる。また、一般にはこの単位空間が、床、壁、天井で構成されて「室」となる。

例えば、「子供室」という単位空間には、「勉強する」「寝る」「着替える」などの動作空間がある。幾つかの動作空間が組み合わされて、一つの単位空間がつくられるので、個々の動作空間の寸法を把握したうえで、単位空間の寸法を決定する。

❸ 単位空間の構成

①リビングルーム―団らん

家族が団らんし、来客をもてなす空間では、「座る」という行為が基本にある。椅子に座る場合と、床に座る場合とでは、動作空間の寸法が異なる(図 2.28)。また、家族や接客の人数が多ければ占有面積は大きくなるが、一方で、人々が対話するためには、ある程度の距離で向かい合う必要がある。図 2.29 は、一般的なテーブルと座の配置の寸法を示している。このほか、リビングルー

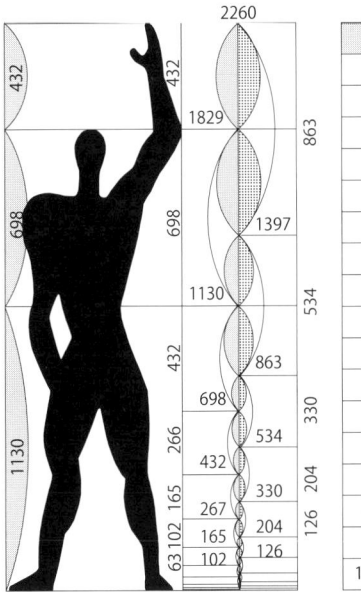

図 2.26　ル・コルビュジエのモデュロール

赤	青
6	
9	11
15	18
24	30
39	48
63	78
102	126
165	204
267	330
432	534
698	863
1130	1397
1829	2260
2959	3658
4788	5918
7747	9576
12535	15494

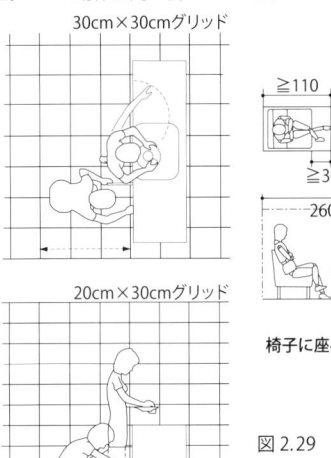

図 2.27　動作空間の例

図 2.28　基本寸法一座る

椅子に座る

床に座る

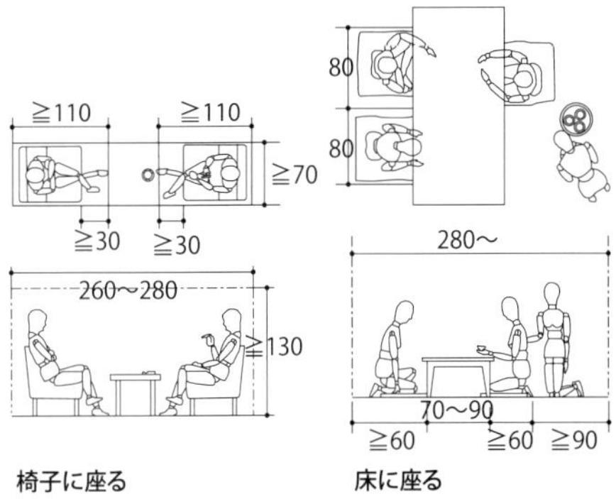

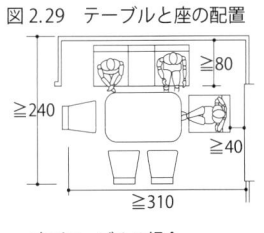

図 2.29　テーブルと座の配置

方形テーブルの場合

ムでは、多くの生活用品も置かれるので、これらを設置し、収納する空間の寸法も考える。

②ダイニングルーム―食事

食事の場の中心はテーブルと椅子で、床座であれば座卓となる。「食事をする」ための動作空間は、テーブルと床座とで異なるが、1人の所要幅は70cm程度と考えてよい（図2.30）。全体として必要な広さは、家族や接客の人数による。図2.31は、方形テーブルの場合の席数と必要スペースである。ダイニングルームでは、食事をする人の動作空間だけでなく、背後からサービスをしたり、背後を通り抜けるなどの空き寸法も考える。また、食卓は、食事だけでなく、団らん、接客など多目的に使用されることがある点にも留意する。

③キッチン―調理

立位による調理の動作空間では、上方や前方に手の届く範囲が重要であり、これにより効率的な調理台の奥行や上部寸法が決まる。また、調理台の高さも作業効率に関わるため、使用頻度の高い人の身長に合わせて設定する（図2.32）。

調理スペースの大きさは、I型、L型、U型など、調理台の配置タイプにより異なる（図2.33）。キッチンのオープン化で、アイランド型が多くみられるようになった。対面して調理台を使用するなど、使用の仕方や人数によって調理台の寸法を変える必要がある。また、調理台や配膳台を平行に配置する場合、その間の空き寸法に留意する。1人の作業性を考えれば90cm程度が望ましく、2人が背中合わせに作業するには120cm以上が必要となる。

④LDK（リビング・ダイニング・キッチン）

リビングルーム、ダイニングルーム、キッチンは、住宅の核となる空間で、住宅史の中でも様々な試みがみられる。これらを一室空間としたものはLDKと呼ばれ、一般住宅に普及した。LDKは、三つの機能をつなげただけの画一的な空間ではなく、敷地条件やプログラムに合わせ、空間の広がりやつながりのある豊かな空間を構成する。

図2.34の事例は、オープンなキッチンとダイニング

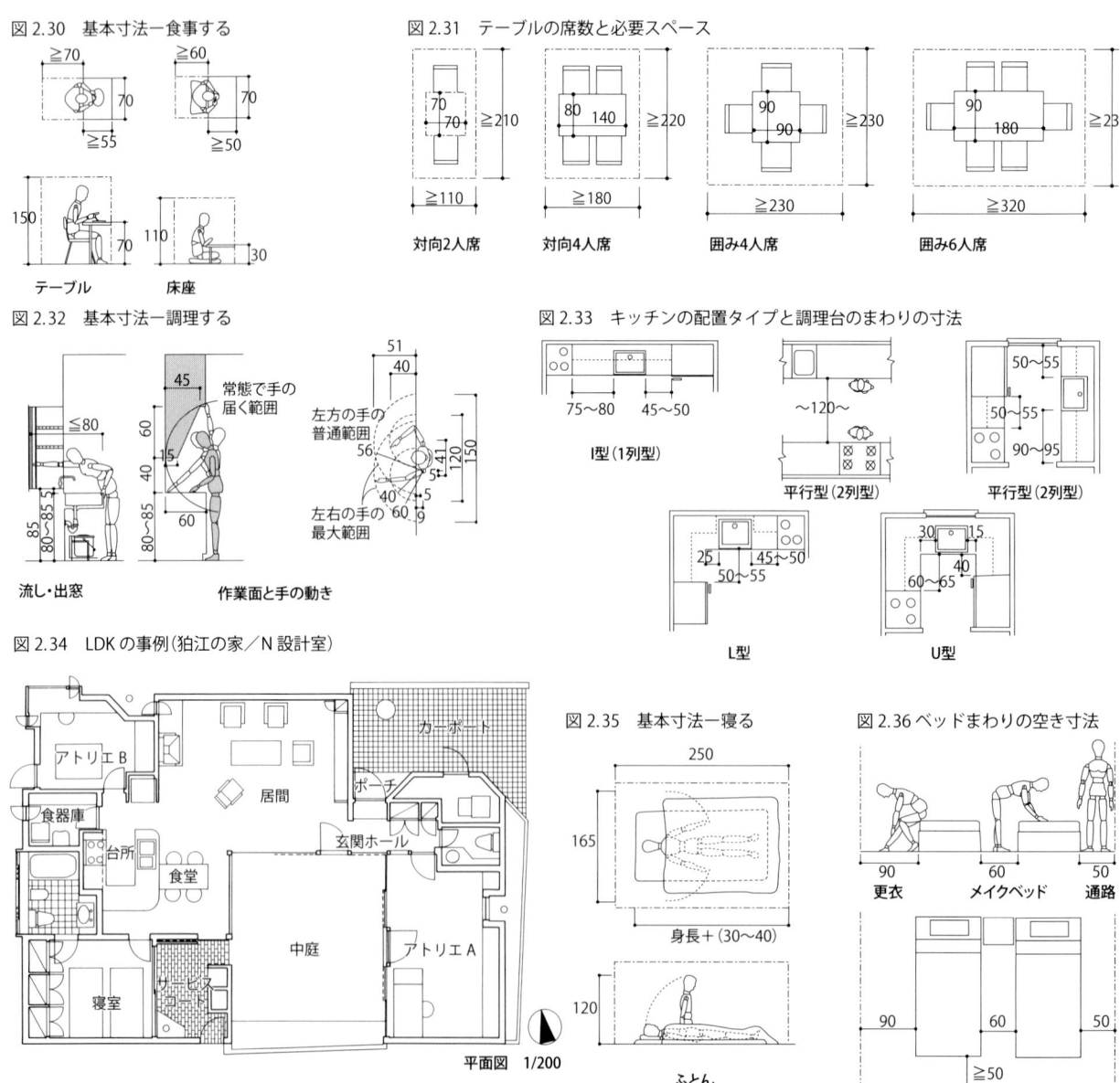

ルームのまとまりと、リビング空間が中庭を囲むようにL型に配置されている。このLDKは中庭も含め一室の空間として視覚的な広がりを確保しつつ、機能に合わせてうまく空間を分節している。

⑤寝室・子供室―就寝

寝室や子供室などの個室において、主となる行為は「就寝」である。ベッドや布団は、就寝中の動作を考えて概ね決められた寸法がある（図2.35）。就寝のためのスペースは、ベッドや布団の寸法のほかに、ベッドを整える、布団を敷く、片付けるなどの動作や就寝に伴う更衣などの寸法も考慮する。図2.36はベッドまわりの空き寸法である。

個室では、就寝のほかに学習、仕事、趣味、更衣など種々の私的行為が行われ、それに伴い書物や衣服、道具などの収納も必要となる。このように一室で複数の行為が想定される場合は、個々の動作空間の寸法を考慮しつつ、単位空間全体の大きさを決定する。

⑥書斎―読書・学習

「読書」「学習」など、いわゆる読書きの行為は、様々な場所で行われるが、一般には寝室や子供室などの個室に専用スペースを設置したり、あるいは書斎、アトリエなどの専用室を設けたりする。図2.37は成人が机で読書きする動作空間の寸法である。図2.38は机上の平面寸法で、椅子座で手の届く範囲を考えて決める。パソコンや本棚などの収納を設置する場合には、その大きさとともに配置にも配慮する。

⑦便所・浴室・洗面室―排泄・入浴・洗面

便所は、洋便器の大きさと排泄の動作を考えると、幅90cm奥行140cm程度の室空間が必要となる。これに手洗い器や介護スペースなどを付加することもある（図2.39）。最近では、浴室や洗面室と一体化した空間として設計されることも多い。

浴室は、浴槽に入る、身体を洗うという二つの動作を考慮して、空間の寸法を決める（図2.40）。浴槽の大きさは様々で洋風、和風などのタイプでも異なるが、図2.41に目安となる大きさを示している。

洗面室は、洗面台が設置され、洗顔、歯磨き、化粧などの行為が行われる。洗面台の高さは使い勝手に応じて設定する。洗面室は、浴室に隣接して脱衣を行う、洗濯機を設置して洗濯を行うなど、複合的に計画される場合が多い。それに伴い、様々な生活用品の収納スペースも確保する必要がある。

便所、浴室、洗面室などの水まわりをまとめた空間をサニタリーという。サニタリーは、広々した明るいスペースにするなど、衛生的行為を行うだけでなく、快適性やくつろぎを求める傾向にある（図2.42）。

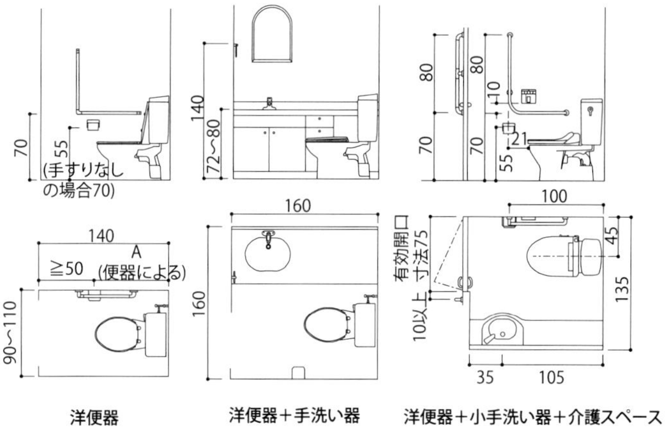

⑧和室

和室は、もともと、団らん、食事、就寝などの様々な

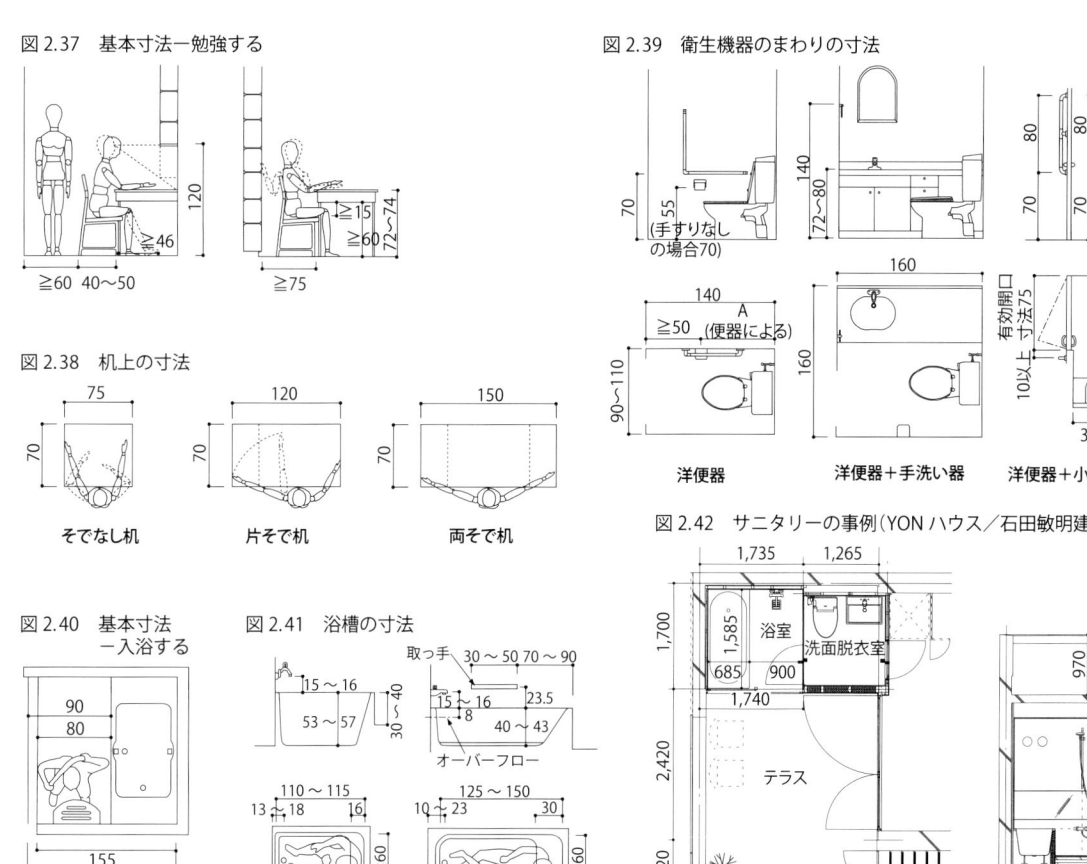

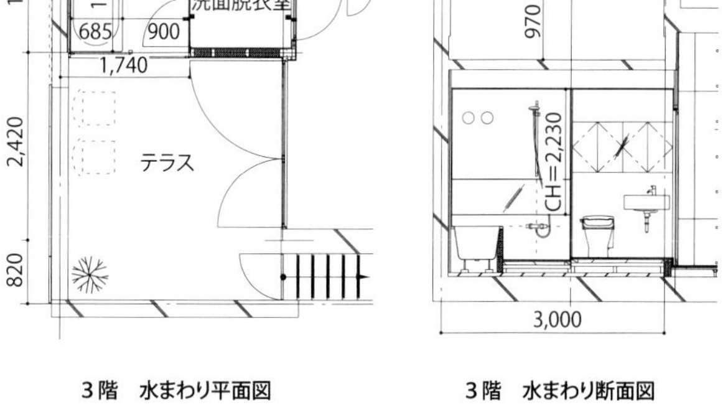

行為に使用されていたが、近年では来客用や予備室として扱うことも多い。畳の大きさに合わせ、4畳半（2.7m四方）、6畳（2.7m×3.6m）、8畳（3.6m四方）などが標準的な大きさであり、また、床座であることで開口高さや天井高さが抑えられ、比較的小規模なスケールの心地よい空間をつくることができる。居間や食堂に隣接して和室を設けて、それらの延長として使われることもある（図2.43）。

⑨家事室（ユーティリティ）─洗濯など

家事室（ユーティリティ）は、洗濯やアイロンがけ、掃除などの家事作業に関わる設備が設けられた空間である。家事作業の機械化により、専用空間の必要性は少なくなり、家事コーナーとして居室の一部に設けられる場合もある。家事動線の効率化を考え、キッチン近くに計画されることが多いが、洗面室や浴室、物干し場、サービスヤードとの位置関係も重要である（図2.44）。洗濯などの動作空間の寸法を確保し、十分な収納スペースも必要である。単なる作業スペースとしてではなく、主婦の居場所として充実化を図り、机や椅子などを設置する場合もある。

⑩クローゼット・倉庫─収納

住宅内には、大量の物品を収納し、保管するスペースが必要不可欠である。生活に必要な物品の大きさや量、使用頻度、保管状態を考え、適切な家具や専用室に収納する。収納のための専用室としては、内部あるいは外部に設けられた倉庫や、更衣と衣服保管のためのウォークインクローゼットなどがある。

⑪玄関

住宅において内外の接点となる空間で、日本では履き物の履替えが行われる場所である。人や物の通路であると同時に、接客などの人の溜まりもあるので、それらの行為や機能にふさわしい寸法を確保する。また、靴や傘の収納や郵便受けなどが不可欠である。段差がある場合には、高齢者に配慮した計画が必要である。

玄関は家族や来客を迎え入れる空間であり、住宅の顔となるので、機能を満足させるだけでなく、様々な空間の演出が試みられる場所である（図2.45）。

⑫廊下

住宅における廊下の幅は、1人が通る動作寸法を基準とすれば80cm程度は必要である。人がすれ違う、車椅

図2.43　和室の事例（白金台の家／N設計室）

図2.44　ユーティリティの事例（木幡の家／田代純建築設計事務所）

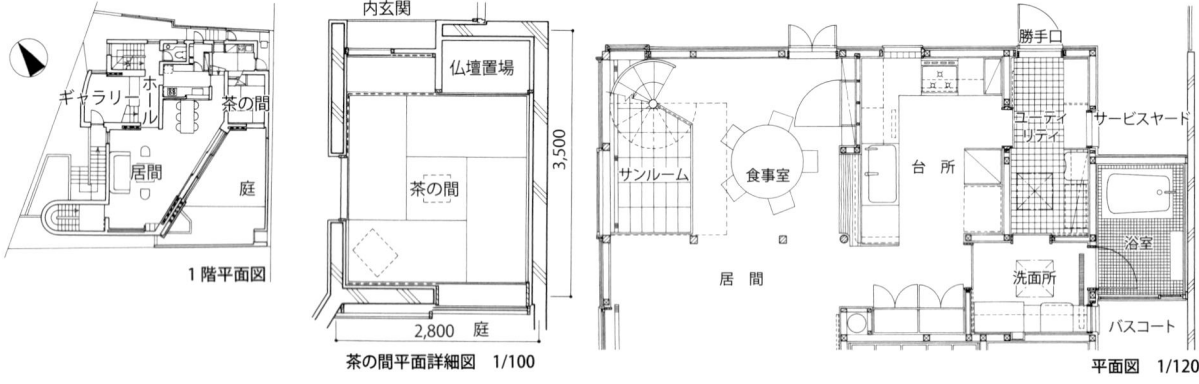

図2.45　玄関の事例（南青山の家／松寿設計コンサルティング＋ジーテック）

図2.46　通路の幅

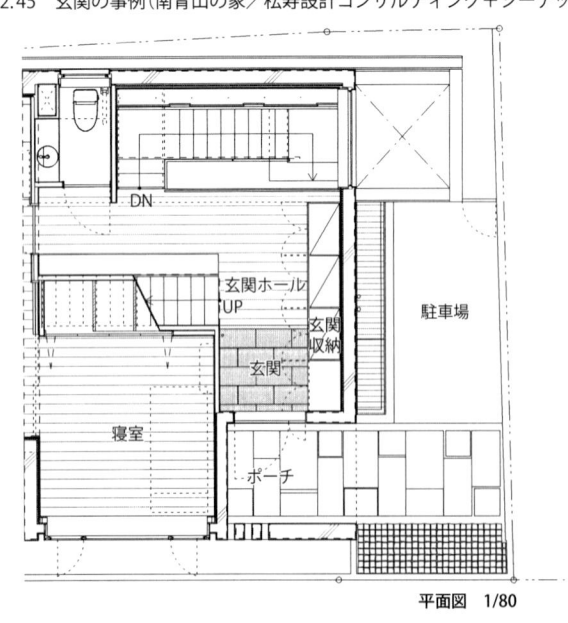

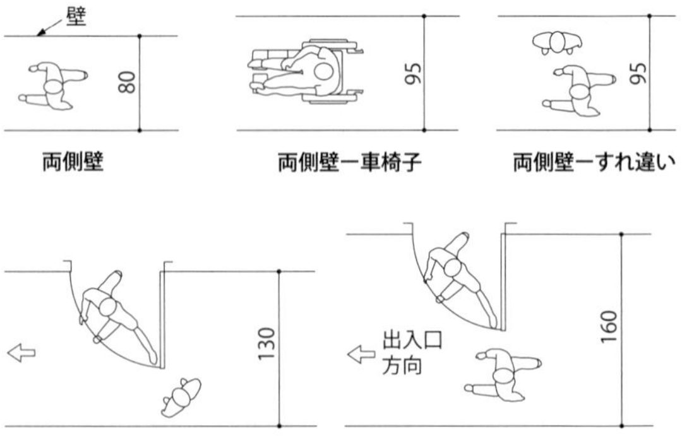

子を使う、扉が廊下側に開くなど、状況に応じて、適切な幅を確保する（図2.46）。

4 断面の設計

①建物の高さ寸法

3次元空間としての建物を計画するためには、平面寸法と高さ寸法を併せて考えなければならない。

図2.47は、木造住宅における主要な高さ寸法である。建物全体の高さは、「最高高さ」や「最高軒高」で示され、法的な規制にもしばしば使われる。各階の高さを示す「階高」と、各室の床面から天井面までの高さを示す「天井高」は、相互に関連したものなので、併せて考える必要がある。

建物各部の高さに関わる寸法は、開口部の有効高さを示す「内法高（敷居上端から鴨居下端までの長さ）」、階段の1段の高さを示す「蹴上」、地面から床面上端までの高さを示す「床高」、屋根の傾斜の度合いを示す「屋根勾配」などがある。建物の高さ寸法は、住宅の居住性能に直接関わるものが多い。

②居室の天井高

居室の衛生的な居住環境を確保するために、建築基準法で、居室の天井高は2.1m以上とされている。ただし、1室で天井の高さが異なる場合はその平均をとる。居室の天井高は、室空間のボリュームやプロポーションを決定づけるので、熱や空気などの室内環境にも深く関わる。また、開放感や圧迫感など、室内の人の心理的側面にも影響を与えるといわれている。

③階段

階段は、安全性や利便性の確保が不可欠であるが、空間を演出するうえでも重要な要素である。

ⅰ）勾配：階段の勾配は、階段1段の高さを示す「蹴上」と階段の上面である「踏面」の寸法で決まる。階段の勾配が大きいと落下の危険性が高くなるので、適切な寸法を選択する。住宅の階段は、建築基準法施行令において、階段幅75cm以上、蹴上23cm以下、踏面15cm以上とすることが定められている。階段の勾配は、一般的には30〜35度とされるが、住宅ではそれよりやや勾配の大きい階段も使用されている（図2.48）。

ⅱ）形状：階段の形状には、直進階段（てっぽう階段）、折返し階段（いってこい階段）、折曲がり階段、らせん階段などの種類がある。それぞれ昇降の動作や必要となる階段面積が異なるので、居住者や住宅の規模に合わせて選定するのが望ましい（図2.49）。

図2.47　高さ方向の寸法（木造住宅）

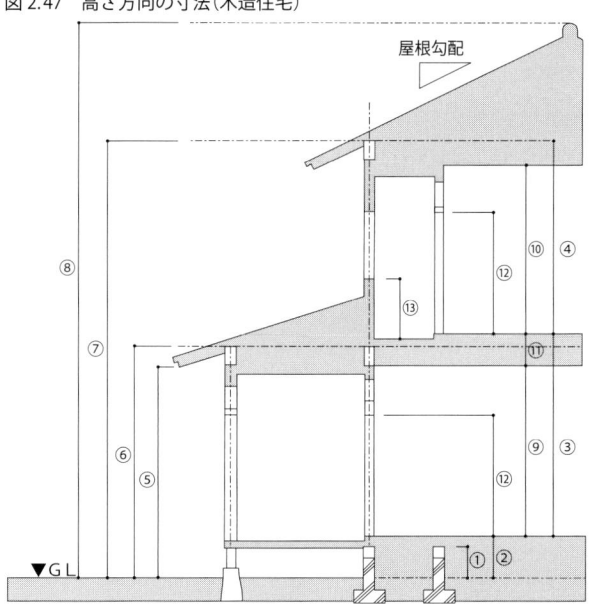

図2.48　階段の勾配

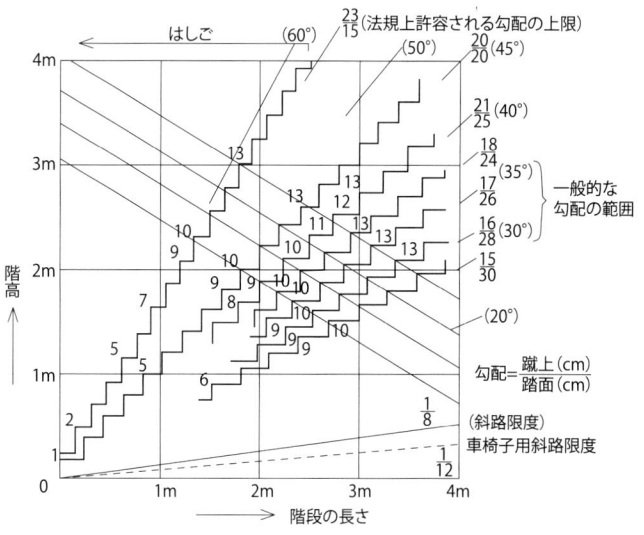

図2.49　階段の形状の種類

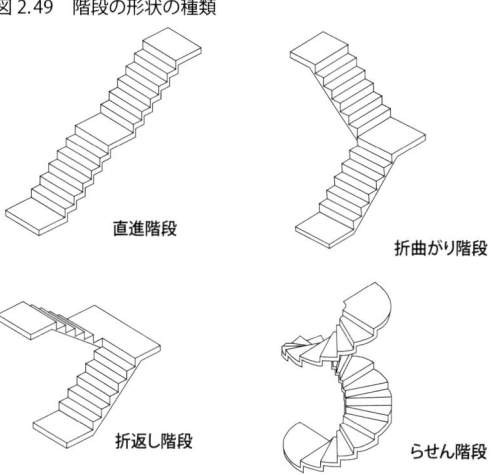

高さ寸法一覧表

①土台天端高	GLから	⑧最高高さ（または棟高）	GLから屋根頂部（棟木天端）
②1階床高	GLから		
③1階階高	1階床仕上げ面から2階床仕上げ面	⑨1階天井高	1階床仕上げ面から1階天井仕上げ面
④2階階高	2階床仕上げ面から軒桁天端	⑩2階天井高	2階床仕上げ面から2階天井仕上げ面
⑤1階軒鼻高	GLから軒先下端	⑪天井懐	1階天井仕上げ面から2階床仕上げ面
⑥胴差天端高	GLから胴差天端	⑫内法高	敷居上端から鴨居下端
⑦最高軒高	GLから2階軒桁天端	⑬2階腰壁高	2階床仕上げ面から下枠上端

④床高

1階の床高は、地面(平均地盤面または基準とするレベル)からの床面上端までの高さを示す。木造の場合には、原則、床高45cm以上とすることが、建築基準法施行令で定められている。これは、湿気を防ぐなどの衛生面に配慮したものである。床高の設定は、水の浸入や湿気を防ぐという観点から、留意する必要がある。

⑤地下室とドライエリア

地階に住宅の居室を設ける場合には、ドライエリアに面して開口部を十分にとるか、換気や防湿の設備を設置するなどして、衛生面に配慮する。ドライエリアは、建築物の外壁に沿ったから堀のことで、上部が外気に開放され、幅や奥行、深さが十分に確保されていないと、採光や換気を有効にとることができない(図2.50)。

住宅の地下室は、住宅の用途に供する部分の床面積の合計の1/3を限度として、容積率に算入しなくてよい。都心の狭小敷地では、延べ床面積をできるだけ多く確保するために、この容積率緩和を利用して、地下室を設けることがしばしばある(図2.51)。

居住に不利な条件を克服して、快適な地下室を実現するためには、設計上の工夫が必要である。図2.52は、大きなドライエリアを設けた住宅の事例で、その豊かなドライエリアによって、地下室とは思えない外部との関係がつくり出されている。

⑥屋根

屋根は、風雨に耐える(防水性、耐風性)、熱や音を遮断する(断熱性、遮音性)、火を防ぐ(防火性)などの性能を、長期にわたり保持しなければならない(耐久性)。そのためには、屋根の形状や勾配、材料に注意して設計する必要がある。また、屋根の形状や勾配は、そのまま内部に現れることもあり、室内空間の演出にも重要な要素となり得る。

ⅰ)形状:屋根の形状には多くの種類があり、建物の平面形状や構造と併せて考える。一般に、木造の住宅には切妻や寄棟などが、鉄筋コンクリート造の住宅には陸屋根などが用いられることが多い(図2.53)。

ⅱ)勾配:屋根勾配は、屋根の傾斜の度合いを示すもので、水平長さ一尺に対する立上がり長さを寸単位で表した「寸法勾配」や、高さ/水平距離で表した「分数勾配」で表記される。降雨量や積雪量は、屋根勾配を決定するうえで重要な要因である。また、使用する屋根材料によって、適切な勾配の範囲がある(図2.54)。

⑦吹抜け

「吹抜け」は、床の一部を開口し、2層以上の階を垂直に貫いた空間のことである。階段を設置するほか、天井の高い開放的な室内空間を確保したり、吹抜けを介して上下階につながりをもたせることができる。このような断面の構成は、住宅空間を豊かにするものであるが、吹抜けの大きさやプロポーションは、空気環境にも影響するので、注意して計画する。

⑧スキップフロア

床の高さを半階ずつずらして、全体を連続的な空間にする「スキップフロア」や、勾配のある敷地に合わせて床の高さを少しずつ変えたりする場合のように、高さ方向の寸法を工夫して、変化に富んだ空間を実現することができる。

⑨ロフト

小屋裏等を利用した収納空間を「ロフト」という。天井高が1.4m以下で、小規模なものであれば、住宅の床面積には算入されない。そのため、都市部の住宅において、面積の有効活用として計画されることが多い。

図2.50 ドライエリア

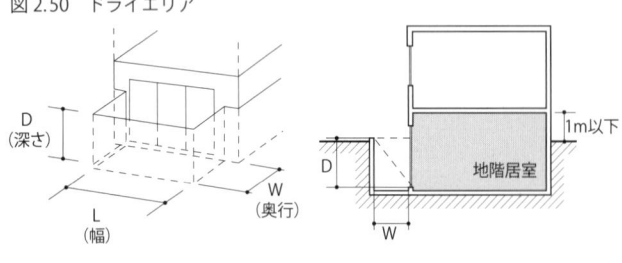

図2.51 地下室の容積率の扱い

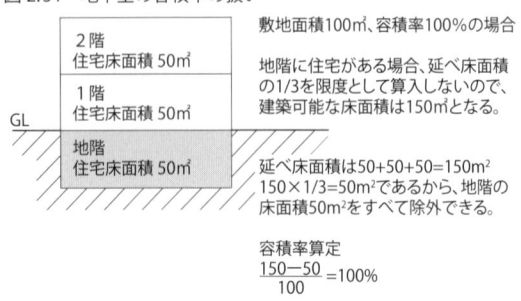

図2.52 ドライエリア(IRONHOUSE/椎名英三建築設計事務所+梅沢建築構造研究所)

5 エクステリア空間の寸法

①駐車・駐輪スペース

駐車スペースの奥行と幅は、自動車の寸法を基本として、これに運転を考えた余裕寸法や、乗降の際に扉を開く寸法を考慮する。図2.55は乗降に必要な寸法の例で、一般には90cm程度確保したい。ただし、住宅の駐車スペースの周囲には、洗車作業などのためのゆとりが必要となることが多い。

駐輪スペースは、自転車やオートバイの寸法を基本とするが、家族で複数台所有している場合もあり、台数に合わせて必要なスペースを確保する。

②塀や生垣の高さ

敷地境界部には塀や生垣を設けることが多い。これらの目的には、物理的に侵入を防ぐこと、心理的に侵入しにくくすること、視線を遮ること、騒音を軽減すること、などがある。それぞれの目的、条件に応じて、塀や生垣の高さを決定する。例えば、人の視線を遮るには170cm程度で十分だが、塀を乗り越えられないようにするにはそれ以上の高さが必要である。

6 バリアフリー

住宅のプランニングやディテールに高齢者や身体障害者への配慮が求められることは珍しくない。2006年に施行されたバリアフリー新法（高齢者、障害者等の移動等の円滑化の促進に関する法律）では、建築物や公共交通、まち全体で、高齢者や身体障害者の利用を妨げないように、バリアフリーの基準を定めている。個人住宅を規制するものではないが、その中には、住宅設計においても参考にすべき項目が多く含まれている（表2.7）。

車椅子利用を想定したバリアフリーな住宅の設計において、特に留意すべき寸法を挙げると、敷地内の外部では、1）道路と敷地の高低差、2）敷地と玄関の段差、3）駐車場や通路の幅、などがある。

住宅内では、1）玄関と床の段差、2）廊下や出入口の幅、3）寝室およびベッドまわりの空き寸法、4）サニタリー空間および浴槽まわりの空き寸法と高さ、5）床と浴室の段差、などがある。住宅内で車椅子が通行するために、概ね幅は95cm程度、回転直径は150cm程度必要であると考えてスタディするとよい。

図2.53 屋根形状

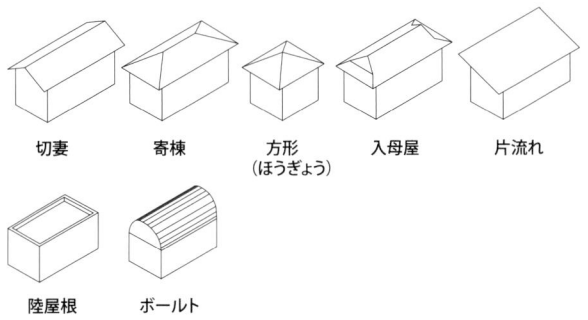

図2.54 屋根勾配

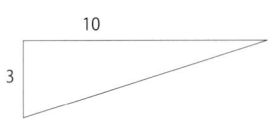

屋根材料	寸法勾配	分数勾配
陸屋根（アスファルト防水など）	1分～2分	1/100～1/50
長尺折板	1寸～2寸	1/10～2/10
瓦棒葺き長尺板	1寸～2寸	1/10～2/10
屋根用化粧スレート	3寸～	3/10～
平板葺き金属板	3寸～	3/10～
波形亜鉛鉄板	3寸5分～	3.5/10～
厚形スレート	3寸～4寸	3/10～4/10
焼成粘土瓦	4寸～5寸	4/10～5/10
草	6寸～矩	6/10～10/10

屋根勾配の表し方:「3/10勾配」=「3寸勾配」（1尺に対して3寸の勾配）。なお、10寸勾配を矩（かね）勾配という。

表2.7 バリアフリー新法

部位	バリアフリー新法による建築一般事項(2006年)
出入口	①出入口 （1）幅は90cm以上 （2）戸は車椅子使用者が通過しやすくし、前後に水平部分を設ける ②1以上の建物出入口 （1）幅は120cm以上 （2）戸は自動扉、前後に水平部分を設ける
廊下・通路	①幅は180cm以上 ②表面は滑りにくい仕上げ ③点状ブロック等の敷設 ④戸は車椅子使用者が通過しやすくし、前後に水平部分を設ける
階段	①幅は140cm以上 ②蹴上は16cm以下 ③踏面は30cm以上 ④両側に手すりを設ける ⑤表面は滑りにくい仕上げ
傾斜路	①幅は150cm以上 ②勾配は1/12以下 ③高さ75cm以内ごとに踏幅150cm以上の踊場を設ける ④両側に手すりを設ける
便所	①車椅子使用者用便房を設ける（各階原則2%以上） （1）腰掛便座、手すり等を適切に配置 （2）車椅子用便房および出入口は、幅80cm以上 （3）戸は車椅子使用者が通過しやすくし、前後に水平部分を設ける
エレベーター	①必要階に停止するエレベーターが1以上 ②多数の者／主として高齢者、障害者等が利用するすべてのエレベーター・乗降ロビー （1）カゴおよび昇降路の出入口の幅は80cm以上 （2）カゴの奥行は135cm以上 （3）乗降ロビーは水平で、150cm角以上
駐車場	①車椅子使用者用駐車施設を設ける（原則2%以上） （1）幅は350cm以上 （2）利用居室等までの経路が短い位置に設ける
敷地内通路	①幅は180cm以上 ②表面は滑りにくい仕上げ ③戸は車椅子使用者が通過しやすくし、前後に水平部分を設ける ④段がある部分 （1）幅は140cm以上 （2）蹴上は16cm以下 （3）踏面は30cm以上 （4）両側に手すりを設ける ⑤段以外に傾斜路またはエレベーターその他の昇降機を設ける ⑥傾斜路 （1）幅は150cm以上 （2）勾配は1/15以下 （3）高さ75cm以内ごとに踏幅150cm以上の踊場を設ける （4）両側に手すりを設ける

図2.55 基本寸法―駐車する

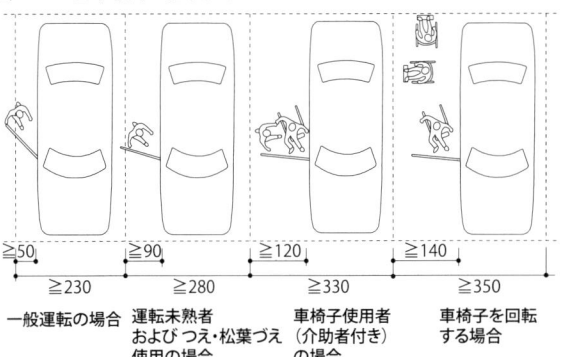

設計・計画

2.5 仕上げ・詳細を考える

仕上げ例を表 2.8 に示す。

❶ 外部空間

外装材は住宅の表面を覆うことで、外観を構成する。延焼などから建物を守る防火性、雨水の浸入や寒暑に対する防水性、断熱性、長持ちするための耐候性、といった基本性能のほか、建物を美しく見せるための意匠性、デザイン性についても留意する。外装の仕上げとしては、タイル、窯業系サイディング、金属系などがポピュラーな素材である。RC 打放しのように、外壁を仕上げずに、構造体をそのまま意匠として表す場合もある。

❷ 私的空間

①主寝室

就寝、休息のための室なので、安らぎの得られる、落ち着いた仕上げや色彩を選択する。主寝室が洋室の場合にはクローゼットを、和室の場合には押入、納戸などを設ける。

②子供室

子供の人体寸法に適したスケールの与え方やしつらえを計画する。壁・床の仕上げは、防汚性、清掃性に優れた素材の選択が好ましい。さらに、子供が活発に走り回ったりすることが考えられるので、2 階に配置する場合には、階下に対する遮音性をもつ床材を選択する。場合によっては、階段や吹抜け落下防止や、建具の開閉防止金具等を用いるなど、安全性への配慮も欠かせない。

③書斎

読書、簡単な仕事、くつろぎに使う部屋。静かで落着きのある空間とする。机や椅子、造付けの本棚などを設ける。

❸ 共有空間

①リビング（居間）

家族の団らんの空間であるが、ひとくちに団らんといっても、行為の実態はテレビを見たり、新聞を読んだり、宿題をしたり、昼寝をするなど、実に多様な活動が行われている。こうした様々な行為を受容するしつらえや設備が求められる。現代住宅においては、居間の多くは椅子座なので、床の仕上げは木質系のフローリングやカーペット、タイルなどを選択する。テレビやオーディオなどの AV 機器、電話などがうまく収納できる家具を造り付ける場合もある。

②ダイニング（食事室）

機能的にはキッチンとの結びつきが強いが、リビングと一体的な平面計画（LDK または LD + K）の場合には、リビングとの関係を重視して仕上げを考えたほうがまとまりやすい。居間はあくまでも住居の中心と考えるが、実際はダイニングが団らんの場になることも少なくない。したがって、はじめに最適な食卓の配置を考え、次にその周囲の食器棚や収納の配置とデザインを検討する（図 2.56）。

③キッチン

キッチンは機能性を重視し、キッチン内の動線は短

表 2.8 仕上げ例

外壁仕上げの例

外壁	コンクリート系	化粧型枠 RC 打放し仕上げ
	タイル系	磁器質タイル t＝15
	サイディング系	窯業系サイディング t＝12
	左官系	漆喰（しっくい）仕上げ
	金属系	ガルバリウム鋼板 t＝0.4

内部仕上げの例

		床	壁	天井
私的空間	主寝室 子供室 書斎	ナラフローリング t＝15 フェルト下地 カーペット敷き コルクタイル貼り	石こうボード t＝12.5の上 ビニルクロス貼り シナ合板 t＝5.5目透し貼りの上 C.L 漆喰（しっくい）塗り	石こうボード t＝9.5寒冷紗の上 E.P 石こうボード t＝9.5の上 ビニルクロス貼り 米松練付合板 t＝12
共有空間	リビング（居間） ダイニング（食事室） キッチン	フェルト下地 カーペット敷き ナラフローリング t＝15 リノリウム t＝2 縁甲板 t＝20	石こうボード t＝12.5の上 ビニルクロス貼り 漆喰（しっくい）塗り	石こうボード t＝9.5寒冷紗の上 E.P 杉板貼り 米松練付合板 t＝12
衛生空間	便所 浴室 脱衣室	ビニルタイル t＝2 せっ器質タイル t＝5 リノリウム t＝2 ナラフローリング t＝15	石こうボード t＝12.5の上 ビニルクロス貼り タイル t＝5	石こうボード t＝9.5の上 ビニルクロス貼り 檜縁甲板貼り ケイカル板 t＝6の上 V.P
その他動線空間	玄関・勝手口 廊下・階段室	ナラフローリング t＝15 ビニルタイル t＝2 せっ器質タイル t＝10	シナ合板 t＝5.5目透し貼りの上 C.L 石こうボード t＝12.5の上 ビニルクロス貼り	石こうボード t＝9.5寒冷紗の上 E.P 石こうボード t＝9.5の上 ビニルクロス貼り

く、効率的に作業ができるように計画する。ごみを出すために勝手口との関係も重視したい。シンク、コンロ、冷蔵庫、戸棚などの台所設備の配列は、調理の手順をよく理解したうえで計画することが望ましい。

キッチンカウンターは、図2.57に示すようにⅠ型、L型、アイランド型などの形式がある。ダイニングとキッチンカウンターとの関係では、ダイニングと向き合う「対面式」があり、キッチンで作業を行う人と食卓の家族が会話を交わせる利点がある。

キッチンカウンターの高さは、作業に従事する人の身長×0.5＋50mmが目安とされる。このほか吊り戸棚などの造作の設計にあたっては、人体寸法と動作のためのスペースを考慮に入れて設計する。

キッチンは、コンロ、レンジフード、食洗機、オーブンレンジ、冷蔵庫など多くの電気設備機器が集中するところなので、電気容量に留意する。

4 衛生空間

①便所

清掃性に優れ、衛生的な仕上げを選択する。最近では、便器にも多機能で清掃性に優れた機種が開発されているので採用したい。

②浴室・脱衣室

浴室は、在来工法によるものと既製品のユニットバスの大きく二つに分かれる。ユニットバスは一般的に清掃性と施工性に優れ、品質的にも安定しているのが利点である。最近では断熱性に優れた商品が普及しているので省エネルギーの観点から導入したい。

一方在来工法では、仕上げや浴槽の材質に至るまで選択肢は広がる。一般的には、タイルなどで仕上げることが多いが、檜などで仕上げれば、入浴の時間を楽しむことができる。浴槽には洋バスや和バスがあり入浴習慣に合わせて選択する。材質にはホーロー、FRP、人造大理石などがある。さらに高齢者に対する配慮として、転倒防止のための手すりや暖房設備の設置が不可欠である。

脱衣室は、洗面室を兼ねることがある。洗濯機などを置くスペースを考慮し、できるだけ収納を多くとる。ヒートショックを避けるために、暖房設備の設置が望ましい。

5 動線空間・その他

①玄関・勝手口

わが国では、玄関で靴を脱ぐ習慣があるので、玄関土間と玄関ホールの境界には上がり框を設け、15〜30mm程度の段差をとる。床仕上げは水洗いができるように清掃性に優れた素材を選択する。靴箱のほか玄関まわりの収納を設け、外套や傘立てを収納するとすっきりと納まる。

②廊下、階段室

住宅の場合、長い廊下は面積の無駄であるし、面白みのない空間になりがちであるので、できるだけ動線を短くする平面計画を心掛ける。階段は、単に上下階を機能的につなぐだけではなく、うまくデザインすれば、空間演出の見せ場となる。光の採り方や階段のディテールに趣向を凝らすとよい。

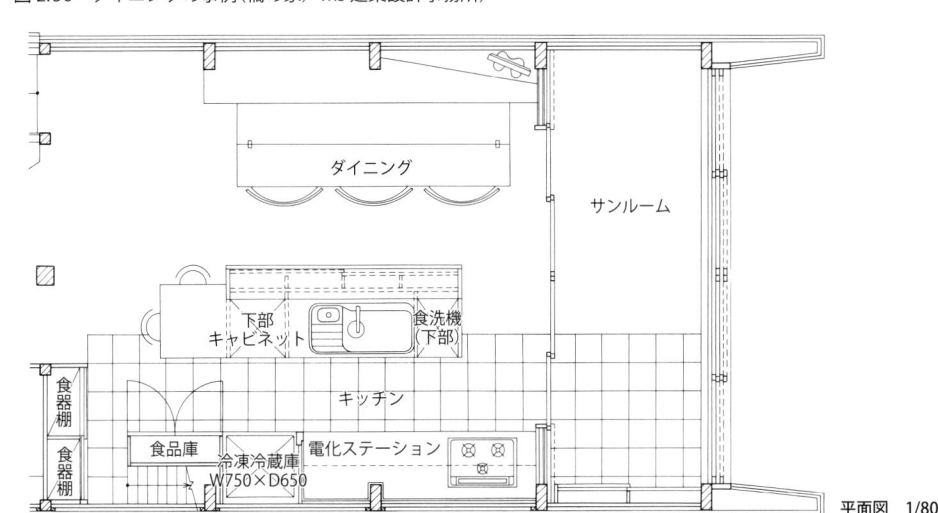

図2.56 ダイニングの事例（橘の家／Ms建築設計事務所）

図2.57 キッチンカウンターの形式

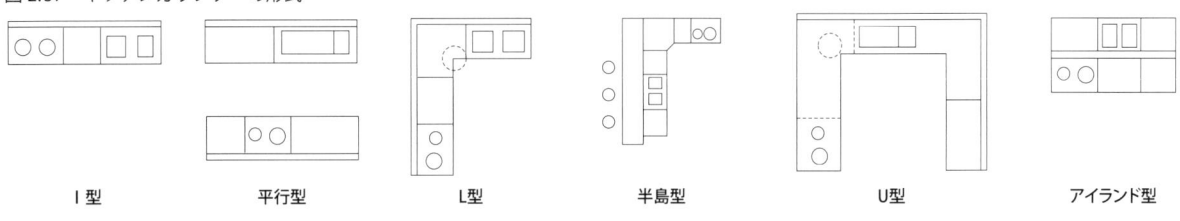

2.6 窓と建具をデザインする

1 窓、建具の機能的・デザイン的意味

窓、建具は、建物内外の人やモノの交換を制御する装置として、あるいは物理的、心理的な閾として、建築の大変重要な部位である。窓は採光と通風を実現するばかりでなく、周囲の景色を住宅の中に取り込み、内部の空間や暮らしを豊かなものにする。反対に住宅を外側から眺めた場合、外観の重要なデザイン要素でもある。内外それぞれの要請をはかりにかけて、そのせめぎ合いの中から、適切な窓の配置や大きさを導くことが大切である。

2 建具の種別

①外部建具

外部建具に求められる性能として、遮音性、気密性、水密性、断熱性、耐風圧性などがある。メンテナンスを考えると清掃性も要求される。建具の種別として、金属製建具、木製建具、その他の外部建具があり、性能、意匠、経済性、耐久性を総合的に勘案したうえで、適材適所を心掛ける。

ⅰ）金属製建具：アルミ、スチールサッシなどがある。木造住宅用の既製品は経済的で、品質が安定している。商品の数も豊富である。

ⅱ）木製建具：木製建具は、国内外の既製品があるほか、建具工事として製作する場合がある。断熱性が高く、結露が発生しにくい利点があるが、水密性、気密性、遮音性においては金属製建具に劣る。

ⅲ）その他の外部建具：プラスチックサッシ、複合サッシなどがある。

ⅳ）その他窓まわりの装置：庇、ルーバー、ブリーズソレイユなどは、日射を制御するうえで有効である。窓の位置や大きさと合わせて総合的に検討する。

②内部建具

音楽室や店舗併用住宅などを除いて、遮音性を求められることは少ないので、木製建具が主に用いられる。引き戸を基本に考えるが、洋室の場合は開き戸でもよい。このほかに和室の場合は襖や障子があるが、現代住宅で採用されることは少なくなってきている。

3 開閉形式

建具を開閉形式によって分類すると、開き戸、引き戸、上げ下げ窓に分かれる（図2.58）。このほかに開閉しないはめ殺し窓がある。

4 工法

建具を工法あるいは構成的な観点からみると、フラッシュ戸、框戸、桟戸に分類できる（図2.59）。

①フラッシュ戸

心材に合板などの面材を貼り付けて、面材のせん断強度によって精度を保つ建具の総称をいう。

②框戸

建具の四周にまわした化粧の枠材（框）と上桟、下桟の材料強度や仕口の接合強度によって固め、変形に抵抗する建具の総称をいう。面材は框の内側に収まる。

③桟戸

建具の軽量化を目的とし、框の断面を小さくする代わりに、框の内側にたくさんの小さな桟を入れ、変形に抵抗する建具の総称をいう。

図2.58 建具の開閉形式
●開き戸形式の種類
①片開き　②両開き　③親子開き
④縦軸回転　⑤横軸回転　⑥突出し
⑦内倒し　⑧縦すべり出し　⑨横すべり出し

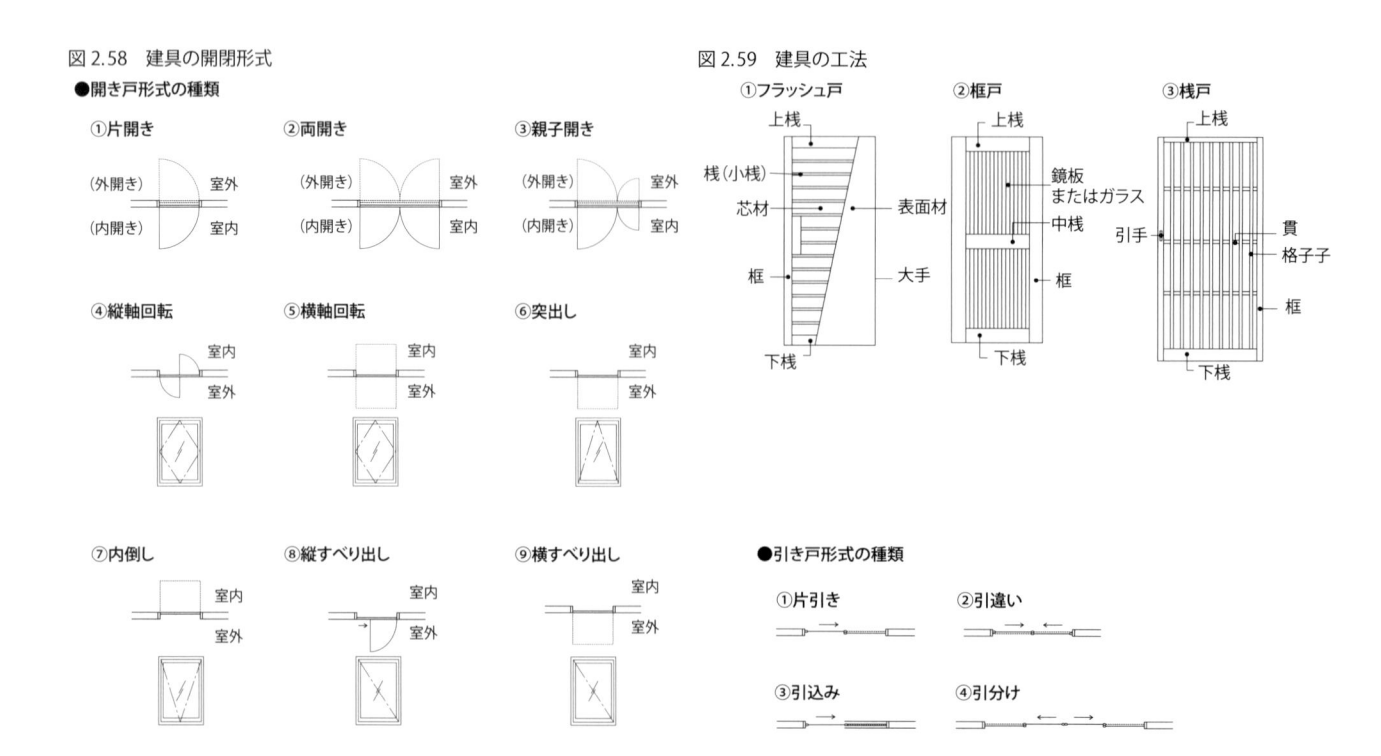

図2.59 建具の工法
①フラッシュ戸　②框戸　③桟戸

●引き戸形式の種類
①片引き　②引違い　③引込み　④引分け

2.7　家具をデザインする

❶ 造付け家具

　建築の一部として造られた家具のことを「造付け家具」と呼び、通常の移動可能な「置き家具」と区別される。造付け家具は、空間や使い方に応じて自由に設計できるという利点がある。収納家具であれば、納める物の量を把握したうえで、空間に合わせて寸法を調整しながら計画できるので、空間に無駄がない。造付け家具には、建築的な工夫が施されることも多い。図 2.60 はキッチンの収納と階段の壁を兼ねた間仕切り家具である。

❷ 家具・照明

　住宅の室内には、家具や照明が置かれ、生活空間らしい雰囲気をつくる。したがって、これらのデザインも住空間を形成する重要な要素である。
　椅子は、人が座るという単純な機能でありながら、形態のバリエーションがとても多い。多くの建築家が、空間とともに個性的な椅子をデザインしている（図 2.61）。

2.8　外部（エクステリア）をデザインする

❶ 外部空間の役割

　住宅の外部（エクステリア）は、次の役割をもつ。
（a）内部の生活を延長する空間として、屋外生活を楽しむ、家事を行う、屋内へ出入りするなどの機能を担う。
（b）社会から個人の生活を保護し、環境やプライバシーを守る緩衝領域となる。最近は防犯性も重視される。
（c）社会へ向けられた顔、まちの景観をつくる。

❷ 外部空間の設計

　外部空間の構成要素には次のものが挙げられる。

（a）植栽や地面の土、芝生、石など
（b）建物と接する部分のテラス、犬走（建物周囲を砂利などで敷き固めた部分）
（c）アプローチ部分の門扉、ポーチ
（d）敷地境界部の塀、生垣
（e）駐車・駐輪スペース、物干し、物置など

　外部空間の設計では、このような要素を建物周囲に配置することだけに止まらず、内部と外部の豊かな関係を築き上げることが最も重要である（図 2.62）。

図 2.60　造作家具の事例（清和台西の家／高砂建築事務所）

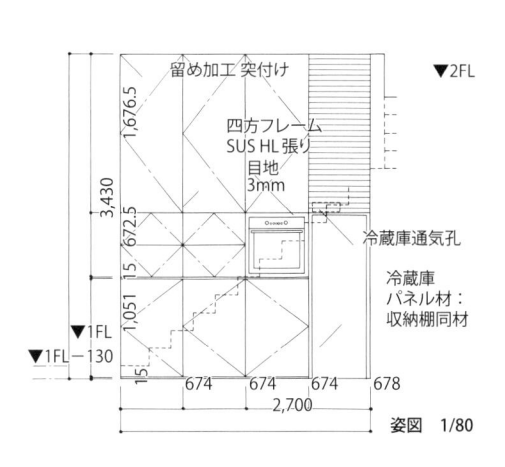

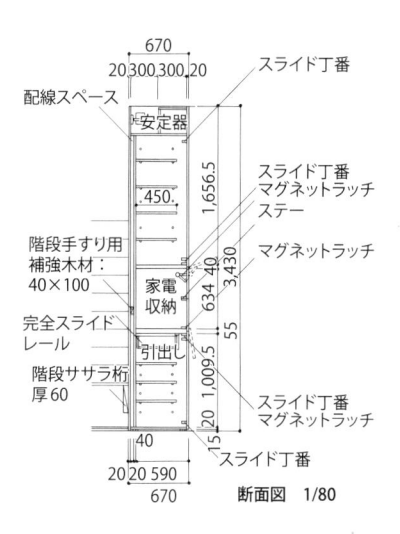

図 2.61　椅子のデザイン

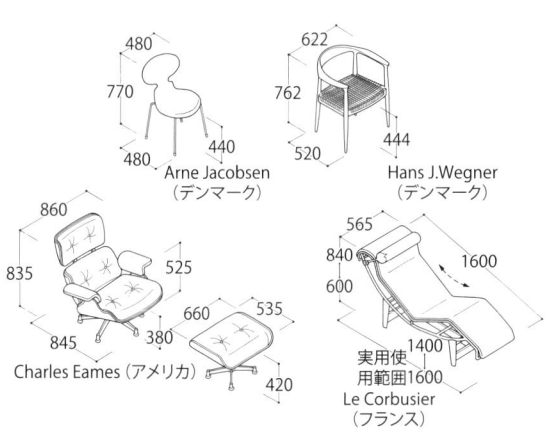

図 2.62　外部の事例（住居 No.34/ 内藤廣建築設計事務所）

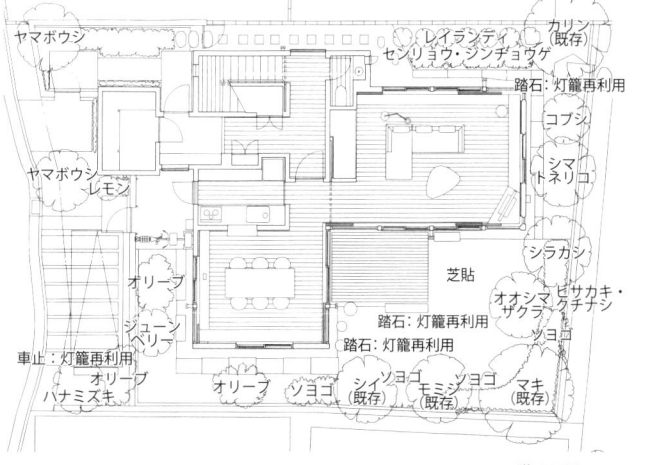

2.9 建物の骨組みをデザインする

❶ 建物に作用する荷重・外力

住宅が安全な構造物であるためには、建物に作用する荷重・外力に対して、十分な耐力を有することが求められる。

①鉛直荷重と水平荷重

建物に作用する荷重・外力は、鉛直荷重と水平荷重に分けられ、主として鉛直荷重となるものには、建物の自重（固定荷重）、家具や人間の重量である積載荷重、積雪荷重などがあり、水平荷重となるものには、風圧力（風荷重）、地震力（地震荷重）、地中における土圧・水圧などがある。建築基準法および施行令において、固定荷重、積載荷重、積雪荷重、風圧力、地震力などの内容が定められている（表2.9）。

②構造計算に必要な荷重の組合せ

建物の構造計算が必要な場合は、建物に作用する荷重・外力を組み合わせて、許容応力度等の計算を行う。建物に常時作用する荷重（常時荷重）には、固定荷重、積載荷重などがあり、これらを組み合わせた長時間にわたり作用する荷重を長期荷重という。風圧力や地震力、積雪荷重などは、地震時、暴風時、積雪時など一時的に作用する荷重で、長期荷重にこれらを組み合わせた荷重を短期荷重という。ただし、多雪地域では積雪荷重は長期荷重にも含まれる。

③住宅にかかる荷重

住宅のように規模の小さい建物であっても、固定荷重は、建物の形態、構造種別、使用材料などによって異なる。特に大きな書庫や倉庫などを有する場合には、積載荷重にも配慮が必要である。また、多雪地域であれば特に積雪荷重に注意しなければいけないなど、地域の気候条件も構造計画に影響する。

❷ 地盤と基礎構造

基礎の役目は建物に作用する荷重を安全に地盤に伝えることである。したがって、建物が地盤に沈下したり、横転するのを防ぐためには、地盤調査等を行い、地盤の状況を把握したうえで、適切な基礎を選択する。

①基礎の種類

基礎はフーチング（基礎スラブ）部分と地業部分に区分され、地業部分の違いにより直接基礎と杭基礎に分けられる。直接基礎は、上部構造物の荷重を直接地盤に伝達するもので、独立フーチング基礎、連続フーチング基礎（布基礎）、べた基礎などがある。杭基礎は、表層の地盤が軟弱で支持層が深くにあり、直接基礎では建物を支持できない場合に用いられ、支持層まで杭先端を到達させる支持杭や摩擦杭などがある（図2.63）。

②住宅の地盤と基礎

表層の地盤が軟弱な場合には、表層改良や柱状改良な

表2.9 建物に作用する荷重・外力

作用する方向	主な荷重・外力	作用する期間
鉛直荷重	自重（固定荷重） 積載荷重	常時荷重
	積雪荷重	常時荷重（多雪地域の場合）
		非常時荷重
水平荷重	風圧力（風荷重）[※1] 地震力（地震荷重）[※1]	非常時荷重
	土圧・水圧 [※2]	常時荷重

[※1]風圧力や地震力は、必要に応じて鉛直成分も考慮する
[※2]建物底面からの土圧・水圧は鉛直力となる

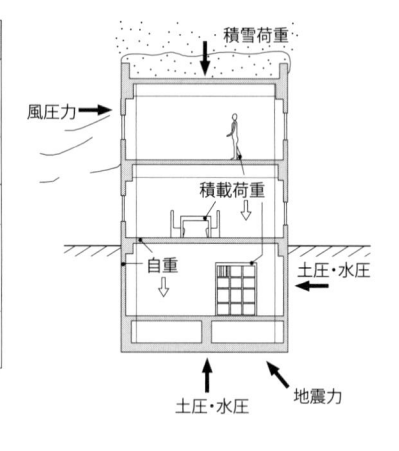

図2.63 基礎の種類

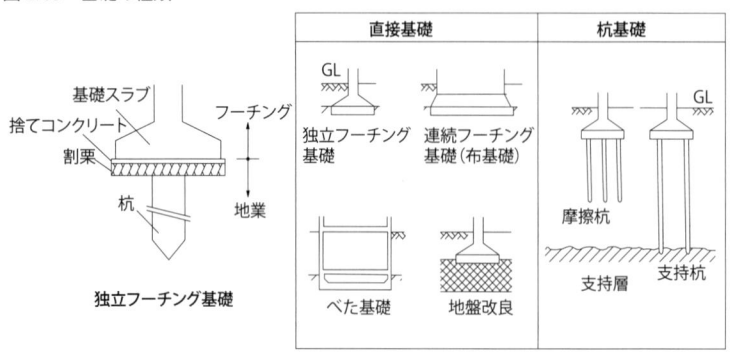

図2.64 布基礎の詳細

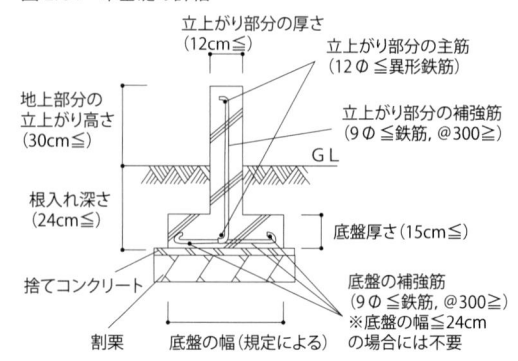

どの地盤改良を行ったうえで直接基礎とすることもある。杭基礎では鋼管杭などが用いられる。

木造住宅のような軽量の建物では、比較的簡便な基礎が用いられる。耐力壁の下など構造上の重要な部分に鉄筋コンクリートによる布基礎を配する方法が一般的で、地盤が不良の場合にはべた基礎になる。建築基準法では、基礎の形式や寸法等が敷地の地耐力に対応して定められている（図 2.64）。

❸ 木造

木造住宅は、わが国では広く普及し、近年では木造3階建ての住宅も多く建てられている。鉄筋コンクリート造などの住宅に比較すると耐火性、耐久性、耐震性は劣るが、施工が比較的容易で、工期も短いという利点があり、木のぬくもりを感じられる点が好まれることもある。

①在来軸組構法

在来軸組構法は、伝統的な木造建築から現代住宅につながる軸組構法で、木造のうちわが国で今まで主流であったものである。

柱などの鉛直材と、梁、桁、胴差などの水平材（横架材）を組んで軸組を構成する。荷重は軸組を通して上部から下部に伝達される。例えば、屋根に加わった鉛直荷重は、垂木、母屋、小屋束、小屋梁などを介して、柱に伝えられ、土台を経て基礎に伝達される。筋かいや火打ちなどの斜材によって、鉛直構面や水平構面の変形に対する剛性を高める（図 2.65）。

柱と横架材を接合して架構を形成するため、その接合部である継手（軸方向の接合）や仕口（T字・L字方向の接合）は、構造的に強固でなければならない。伝統的に工夫された様々な手法があるが、近年では接合金物で補強することが普及している。元来の軸組構法では、真壁という柱を露わにした壁であったが、現在では壁で柱を覆う大壁が一般的となっている。また、最近は筋かいなどの斜材に代わり、構造用合板を用いることが多い。このように軸組構法は時代とともに大きく変化している。

在来軸組構法の利点は、軸組が荷重を負担するので、壁や開口部などを比較的自由に配置でき、プランの自由度が高いことである。グリッドに従った間取りや外形に対して、かなり柔軟に対応できる。伝統的な木造構法は910mmなどの間隔のグリッドの交点に柱を立てるが、柱の位置はグリッド上であれば比較的自由になる。壁の位置も、間取りに従って、ある程度自由に決められる。ただし、水平力に対する耐力を確保するためには、筋かいなどが入った壁をバランスよく配置しなければならない。

②枠組壁構法

枠組壁構法は、軸組によらず、木造の枠組をつくり、これに合板を釘打ちしたパネルで床、壁、屋根などをつくる構法である。北米で発展し、1970年代に日本に本格導入された。2インチ×4インチの断面の部材を主体に構成されるため、ツーバイフォー構法とも呼ばれる。

壁構造であるため間取りは整形のほうが望ましいが、実際には在来軸組構法と同様のプランがつくられている。水平荷重を壁が負担するため、大開口がとりにくく、閉鎖的な空間となりやすい反面、構造安定性は高い。まず床を組み、そのうえで壁をつくり、2階床を載せるというプラットフォーム構法により、施工が比較的容易である。

③集成材構造

ラミナ（挽き板）を接着剤で貼り合わせて製造される集成材は、無垢の木材に比べ、強度や精度が高い。これまで大断面の大架構建築などに用いられてきたが、近年、中・小断面のものは木造住宅にも多用されている（図 2.66）。

集成材による軸組構法では、接合部の剛性を確保することが重要である。従来の軸組構法に用いられる補強金

図 2.65 在来軸組構法

図 2.66 集成材構造

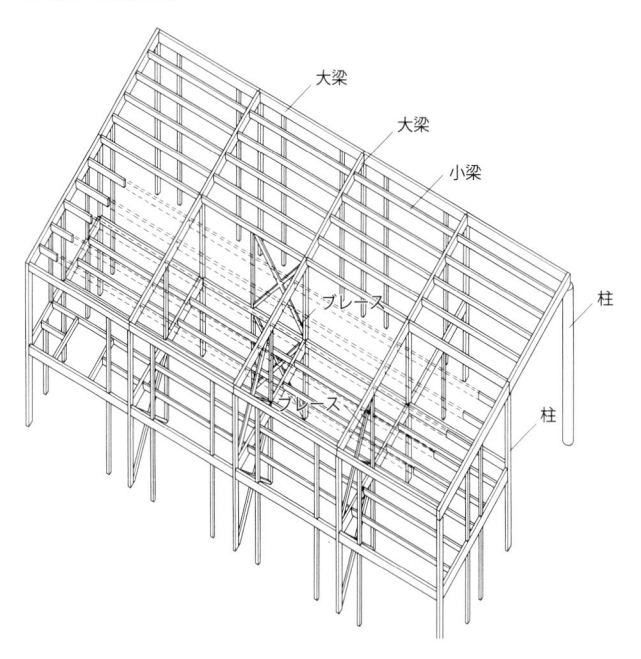

物と異なり、接合金物自体が耐力を負担する接合方法もとられる。SE構法など、特定の構造金物を用いて柱と梁を半剛接合とし、木質でありながらラーメン構造に近いものも実現できる。木造3階建てを開放的に計画するうえでも有効な構法と考えられる。設計事例に挙げた「箱の家108」(p.66)も集成材による軸組構造である。

④その他

プレファブ住宅に用いられている「木質パネル構法」は、工場生産された木質の壁パネルを建てた壁式構造である。また、丸太や製材を横に積み重ねて壁を構成する「丸太組構法」は、ログハウスとして別荘などに用いられる。

4 鉄骨造

鉄骨造は、木造に比べ強度が高く、鉄筋コンクリート造に比べ重量が軽いので、柱のスパンを広くすることができるなどの利点がある。一方、鋼材は不燃ではあるが、耐火性能は低く、構造上重要な部分は、耐火性のある材料で被覆しなければならない。

鉄骨造の住宅の大半を占めるプレファブ住宅では、軽量形鋼（厚さ6mm以下の鋼材を曲げ加工したもの）が使用されることが多い。軽量形鋼によるものを軽量鉄骨造という。

鉄骨造の住宅には、柱・梁の接合方式において、ピン接合となる「ブレース構造」と、剛接合となる「ラーメン構造」がある。

①鉄骨ブレース構造

鉄骨の柱、梁、ブレースをピン接合することにより架構を構成する。ブレースの接合の確実性、バランスのとれた剛性と強度を確保する必要がある。図2.67は鉄骨造（ブレース構造）の2階建て住宅である。建物全体が小さな部材で組み立てられている。2層部分には、適宜壁面ブレースが設けられ、また、1層部分に加わる水平力をこの壁面ブレースに伝え負担させる仕組みとなっている。

②鉄骨ラーメン構造

鉄骨の柱と梁を剛接合し架構をつくる。柱や梁の接合部の強度が必要となるので、一般に重量鉄骨（厚さ6mmを超える鋼材）を使用し、工場で加工され組み立てられた部材を現場で建て上げ、接合して構成する。確実に接合することと座屈を防ぐ配慮が必要である。居住性能としては、揺れや振動が生じやすいことに難点があるが、特に大スパンの空間を実現できる点で優れている。

5 鉄筋コンクリート造（RC造）

鉄筋コンクリート造の住宅は、耐火性や耐震性、耐久性に優れている。また、振動が少ない、遮音性が高いなど、居住性能も高い。しかし、木造や鉄骨造に比べ自重が重いので、同じ地盤でも基礎構造を強固にしなければならないなど、制約もある。設計においては自由度が高く、狭小敷地にも大空間にも適用しやすい。

①RCラーメン構造

鉄筋コンクリートの柱と梁が剛接合された構造形式である。柱スパンは5〜10mを目安とし、経済的なスパンは6〜7mとされる。形状や開口位置の自由度が高いことが利点で、住宅の設計においては、大きなワンルームをとることができ、リフォームなどもしやすいと

図2.67 鉄骨造の住宅（廂の家／東京工業大学八木研究室）

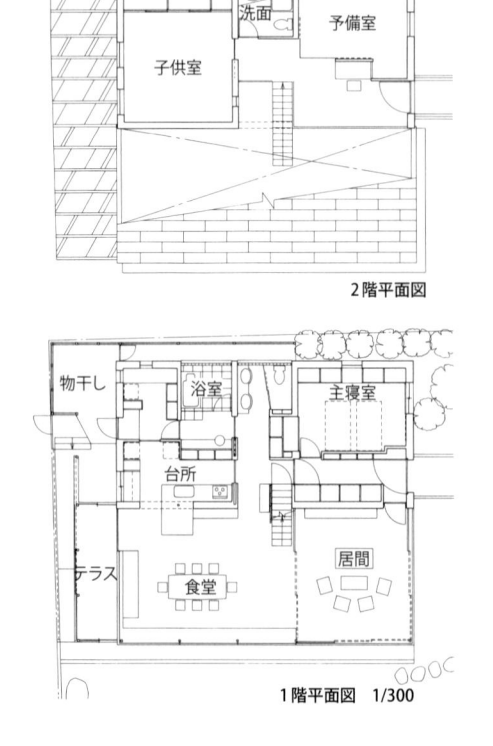

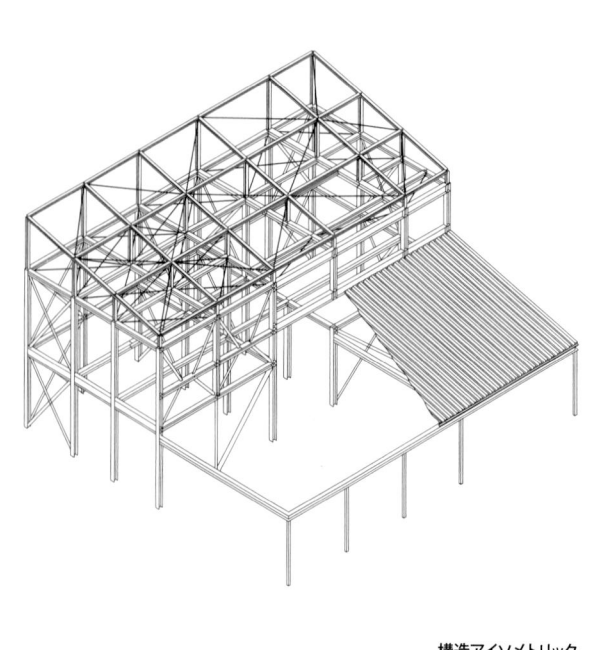

2階平面図

1階平面図 1/300

構造アイソメトリック

いう利点につながる。反面、柱型や梁型があることによって、プランニングの制約が生じ、有効な室内面積が小さくなることがある。

② RC壁構造（壁式鉄筋コンクリート造）

鉄筋コンクリートのスラブと壁で構成する構造形式である。ラーメン構造のように室内に柱型や梁型が出てこないので、室内はすっきりとして、スペースを有効活用できる。一方、構造設計上の制約は大きい。階高や階数の制限があり、壁量や壁厚などの規定もある。十分な量の耐力壁をバランスよく配置し、壁梁（梁形式の配筋を行った部分）を設けなければならない。

図2.68の「住吉の長屋」は、両側に開口部のない壁を設けて必要な壁量を確保し、敷地いっぱいの空間利用と、中央に配した光庭への大開口を実現している。狭小敷地における住宅のあり方を示すものとして、プランと構造の考え方を合致させた明快な空間となっている。

❻ 混構造

混構造は、RC造、鉄骨造、木造などの異種の構造材料や構造形式を組み合わせた構造である。それぞれの異なる力学的性能を利用するものであり、その違いを十分に考慮して用いることが大切である。

図2.69は混構造の事例で、2階腰壁までをコンクリートブロック造とし、その上部を木造としている。

【コラム】

鉄板を構造とした住宅

近年、鉄板を構造とした建築が登場し、住宅でも様々な試みがみられる。16mm厚の鉄板で内外の壁を構成する「梅林の家」（妹島和世、佐々木睦朗）、リブ付き鉄板を床、壁に用いた「江東の住宅」（佐藤光彦、金箱温春）などは、床や壁をつくる面材としての鉄板が柱、梁、ブレースの機能を合わせもつ。また、「上原の家」（みかんぐみ、金田充弘）は、板材を組み合わせた書棚が柱の機能を担っている。IRONHOUSE（椎名英三、梅沢良三）は、折版を両側から鉄板で挟んだサンドイッチパネルによって、床、壁、屋根のすべてを構成しているが、厚さ100mmのサンドイッチパネルには断熱材が充填されて、断熱性を高める工夫が施されている。鉄板を構造とした住宅は、薄い壁の実現、構造材と仕上げ材の一致などに新たな可能性を見いだすことができる一方で、住宅性能として不可欠な断熱性や遮音性に対する配慮も必要である。

図2.68　RC造の住宅（住吉の長屋／安藤忠雄建築研究所）

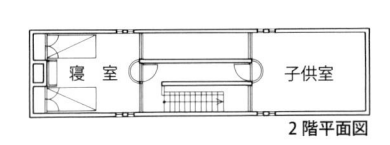

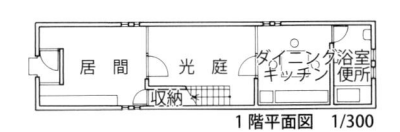

図2.69　混構造の住宅（さとうボックス／宮脇檀建築研究室）

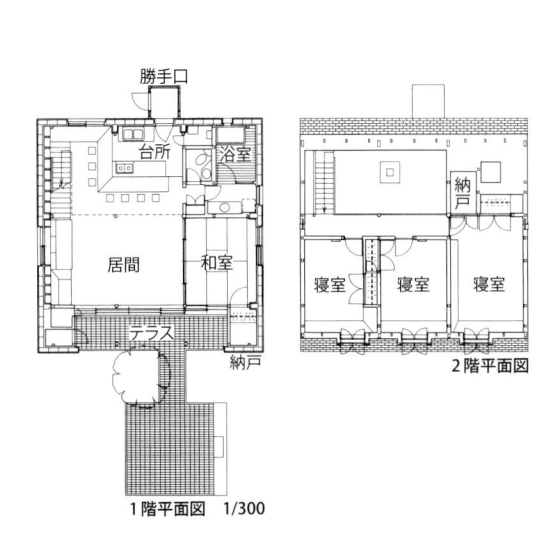

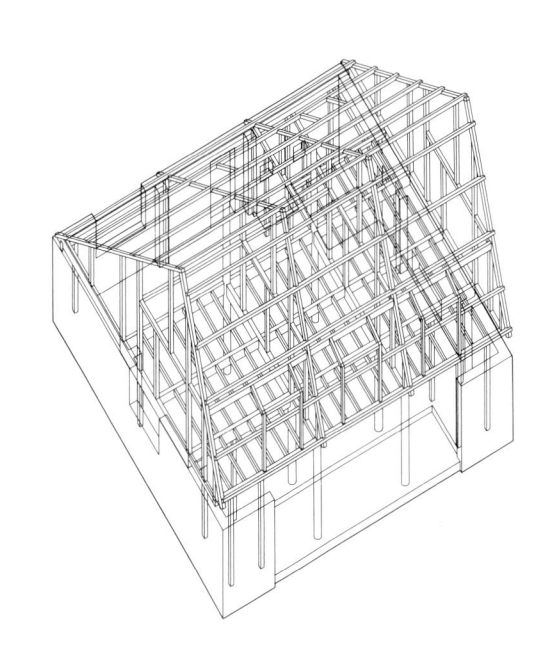

2.10　室内環境をデザインする

❶ 温熱環境（熱と空気）

①日照

　夏は涼しく、冬は暖かく過ごせる住居が理想的である。日当たりについてよく考えられた家は冬に暖かく、通風についてよく考えられた家は夏も涼しく快適である。高温多湿のわが国においては、良好な日照と通風を実現するために、敷地の北側に建物を寄せて配置し、南面に空きを確保するのがよい。さらに東西に長く、南北の奥行が短い住居の平面形が、日照と通風の観点から望ましい。しかし、実際の敷地形状は千差万別で、密集した市街地に住宅を計画する場合には、南側に空きが取れないなど、制約を受けることが少なくない。設計の初期段階では、居間の日照を重視し、敷地の中で最も日当たりが良い場所に配置する。冬季のダイレクトゲインは効果的に働くので積極的に取り入れる。一方で、夏季の直射日光は室温を著しく上昇させるので、日射を遮る工夫が必要になる。適度な日影をつくる庇、簾、藤棚、ルーバーなどの建築的な装置は有効な解決手段である。南面の庭に余裕がある場合には落葉樹を植えるとよい（図2.70）。夏は日差しを遮り、冬は日差しを採り入れることができる。

②断熱・気密

　冷暖房の効率を高め、安定した温熱環境を保持するためには、断熱性と気密性を高めればよい。つまり、冬は室内の熱を逃げにくくし、夏は外部の熱が室内に入りにくくすればよい。屋根、壁、床（基礎）といった部位に、切れ間なく、連続的に断熱を施すのが基本である。断熱ラインに欠損や熱橋（ヒートブリッジ）があると、そこが断熱上の弱点になる。断熱材の材料としては、ポリスチレン、ウレタン系、もしくはグラスウールやロックウールなどの断熱材を用いる。断熱工法として、室内の内側に断熱ラインを構成する「内断熱工法」と、室内の外側に断熱ラインを構成する「外断熱工法」の二つがある。一般に外断熱は、建物全体をすっぽり包むので、熱橋ができにくく、気密性を高く保つことができる。こうした利点から、近年急速に普及しつつある工法である。

　建物の断熱性能を示す指標として熱損失係数（Q値）があり、次式で表される。

　　$Q = \overline{KA}/A_0$

　　$\overline{KA}$：総合熱貫流率、A_0：延べ床面積

　　（総合熱貫流率は、住宅の室温が、外気温よりも1℃高いときに、室内から外部に逃げる熱量を指す）

　一方で、住宅の断熱性能を満足するためには、断熱材を使用するだけではなく、気密性も同時に高めていくことが大切である。窓や建具などの開口まわり、配管の周囲が、特に気密性を損ねる部位となりやすい。建物全体の隙間の面積を床面積で除した値を、相当開口面積（C値）と呼び、気密性の指標としている。次世代省エネルギー基準（1999年改正告示）では、日本全国をⅠ～Ⅵの地域に分け、それぞれ推奨するQ値、C値を定めている（図2.71）。

③通風・換気

　通風には夏季において冷涼に生活する目的があり、換気には汚染された空気を入れ換える目的がある。住宅の室内には、人間の人体、燃焼器具、建築の内装など、様々な汚染源がある。そこから様々な汚染物質が発生している（二酸化炭素、一酸化炭素、臭気、水蒸気、ホルムアルデヒドなど）。特に住宅の高気密化に伴い、空気中の有害物質を原因とするシックハウス症候群が問題化している。したがって、室内の空気を清浄に保つために、十

図2.70　建物における熱の流れ

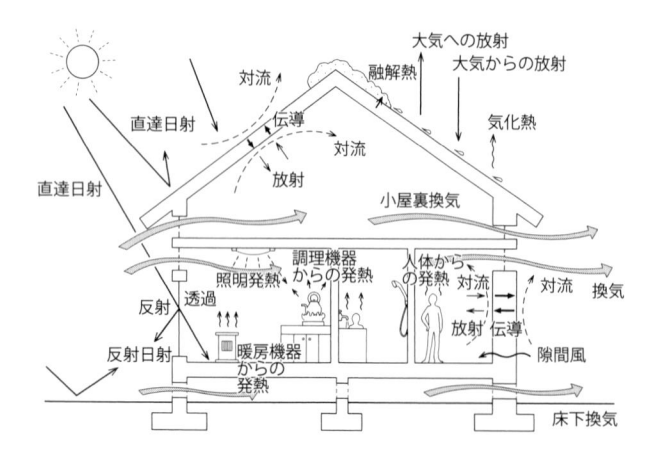

図2.71　次世代省エネルギー基準による地域区分

分な通風と換気を計画する必要がある。建築基準法では24時間換気システムの設置が義務づけられている。

換気には、自然の力を利用する「自然換気」と設備機械による「機械換気」の二つがある。また、換気範囲をもとに「全体換気」と「局所換気」に分ける場合もある。

ⅰ）自然換気：室内外の温度差を利用した温度差換気（重力換気）と風力を利用した風力換気がある。重力換気を誘導するためには、床近くの低い位置と天井の際の高い位置に開口を設けるとよい。居室の有効換気面積は床面積の1/20以上としなければならない。

ⅱ）機械換気：図2.72に示すように、送風機、排風機の配置によって、第一種換気、第二種換気、第三種換気に分類される。

ⅲ）全体換気と局所換気：室内全体の換気を行うことを、全体換気という。一方で、汚染空気が室内全体に蔓延しないうちに、汚染源の近くで換気設備によって捕集する考え方を局所換気という。一般に便所やキッチンの換気がこれに相当する。

❷ 光環境（採光と照明）

住居の室内を明るくするためには、窓から太陽光を採り入れる「昼光照明」と、人工的な照明による「電灯照明」の二つの方法がある。

①昼光照明

昼光照明の場合には、窓の配置、大きさ、構造によって、照明の効果が大きく変わる。窓を単独で計画することはできないので、平・断面計画をはじめとする、住居全体の建築計画と並行して進める必要がある。住宅の場合、居室の有効開口面積は床面積の1/7以上確保しなくてはいけない。

高い位置に設ける横長の窓は、部屋の奥まで均斉に明るくする効果がある。これとは対照的に、低い位置に設ける窓は、床面に反射した間接光となって、柔らかい光を導入する効果がある。

北側の窓から採り入れる天空光は、安定した柔らかい光となる。一方で南側の窓からの直射光は、強いグレアを発生させるので注意が必要である。

壁面に設置する側窓に対し、屋根に設ける天窓は、密集市街地における採光手法として、特に有効である。天窓の明かりは大変強く、建築基準法上、天窓の開口面積は側窓の3倍に相当するとされている。

②電灯照明

人工照明は、部屋全体の照度をむらなく確保する目的の「全般照明」と、居住者がそれぞれの作業のための空間を局所的に照明する「タスクアンビエント照明」がある。

ⅰ）全般照明：全般照明は多くの場合、天井に照明器具を均等に配置する。部屋全体が明るくなるため、機能的で快適な空間が得られやすいが、一方で常に部屋全体を照明することになるので、電力の消費は大きい。

ⅱ）タスクアンビエント照明：タスクアンビエント照明は、必要とする作業面のみの照度を手元の照明器具で確保する。そのほかの共用部分は、別の照明器具で最低限の明るさを確保する。部屋全体は暗めになるので、活動的な雰囲気をもつ空間にはなりにくいが、一方で電力消費の面では有利である。

❸ 音環境

外部からの騒音が大きいときには、防音に配慮する。窓まわりや隙間から音が入りやすいので、防音サッシや防音ドアで特別に補強することが考えられる。壁の単位面積当たりの質量が大きければ、音の透過損失が大きくなるので、RC造の住宅のほうが木造より有利である。

住宅内部における騒音の発生源としては、人の話声、足音、ドアの開閉音、空調機などの設備が挙げられる。

騒音のレベルの許容限界値を表2.10に示すが、この基準値を超えなければよいということではない。音は単なる物理量としてだけではなく、心理的な状態や時間帯によって、不快に感じたりすることがあるので、適切に防音や吸音の措置を考える。

❹ 省資源と省エネルギー

住宅を一軒建てるためには、かなりの資源とエネルギーが消費される。さらに、その住宅で生活する間にも、冷暖房や給湯・照明などによって二酸化炭素が発生したり、エネルギーが消費されることになる。この問題に対し、使用時のエネルギー消費を抑え、住宅を長寿命化することで、少しでも地球環境や人に対する負荷を減らそうという考え方が建築物において重要視されるようになってきた。サスティナブル（持続可能な）住宅は、こうした考えに基づいて計画・建築されたものをいう。環境を維持するためには、建築物の耐久性だけでなく、省資源、リサイクル、省エネルギーなど、いろいろな角度からの取組みが必要になる。また、建築物を長期間維持するためのメンテナンスについても、様々な工夫が大切と

図2.72 機械換気の分類

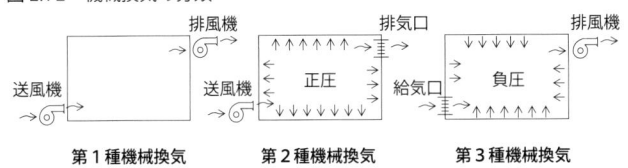

表2.10 騒音レベルの許容限界値

騒音レベル(dB)	20	30	40	45	50	55	60
うるささ	無音感	非常に静か	特に気にならない		騒音を感じる		騒音を無視できない
会話・電話への影響		5m離れて囁き声が聞こえる	10m離れて会議可能		普通会話で(3m以内)電話可能		大声会話で(3m)電話やや困難
建物の種類	無響室	特別病室	田園地の寝室や客室	郊外住宅地の寝室や客室	都市住宅地の寝室や客室	若干の工場や商店がある	市街地

なる(図2.73)。

❺ 設備

住宅の設備としては、給水・給湯設備、排水設備、冷暖房設備、換気設備、ガス設備、電気設備、エレベーターなどがある(図2.74)。

①給水設備

住宅の給水の方式には、直結給水式と圧力水槽式がある。直結給水式は2階建て以下の住宅でよく採用される方式であり、水道本管から水圧を利用して、屋内の水栓や器具に直接給水する。圧力水槽式は圧力水槽内に水を圧入し、水槽内の空気圧によって各所に給水する。このほかに高架水槽式があるが、住宅ではあまり使われない。

②給湯設備

住宅の場合、加熱装置を1カ所に設けて、必要箇所に配管して給湯する中央式給湯法がほとんどである。加熱方式としては、瞬間給湯器を用いて直接水を熱する場合が多い。熱源はガスや灯油が一般的である。オール電化の住宅などでは、電気を熱源に、湯をつくり貯湯槽に蓄え給湯する。この場合は、深夜電力の利用も検討する。

③排水設備

屋内の各所から流出する排水を屋外排水管に導く設備を屋内排水設備という。雨水系統、雑排水系統(洗面、浴室、洗濯など)、汚水系統(水洗便所)に分けて配管する。敷地内の屋外排水は、雨水、雑排水、汚水に分流・合流して排水する。排水方式を表2.11に示す。公共汚水処理施設がない地域で計画する場合には、し尿浄化槽を設置しなくてはいけない。

④冷暖房設備

各室ごとに熱源をもつ個別冷暖房方式と、1カ所に熱源を集中して各室へ熱を供給する中央冷暖房方式がある。住宅で採用される方式として、中央式には輻射冷暖房方式、ファンコイルユニット方式がある。吹抜けがある室では、輻射式の床暖房で床面近くを温めるのが効果

図2.73 自然エネルギーを利用した環境計画

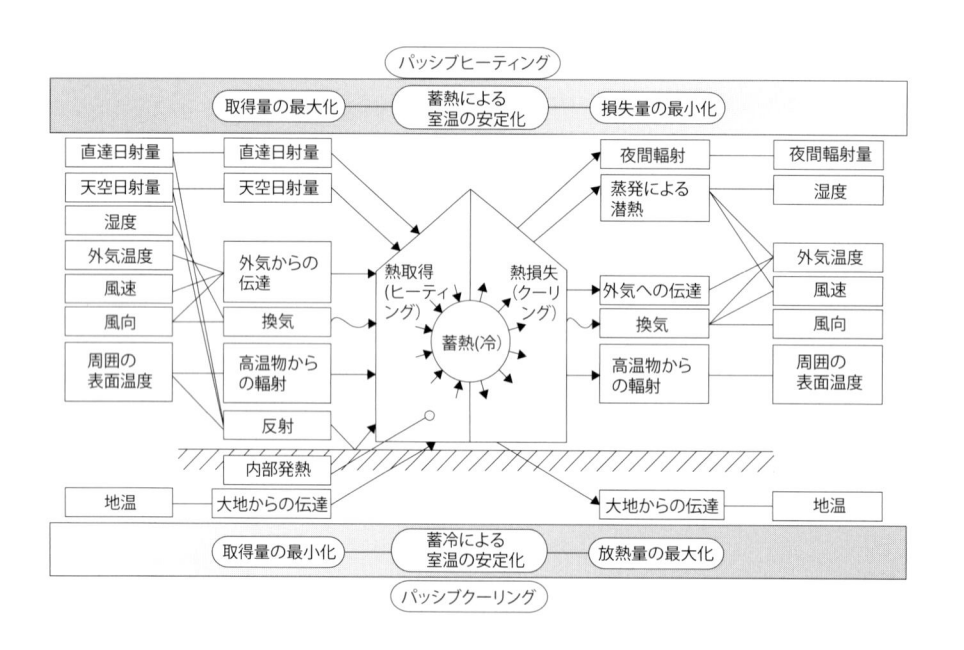

図2.74 住宅の設備系統図

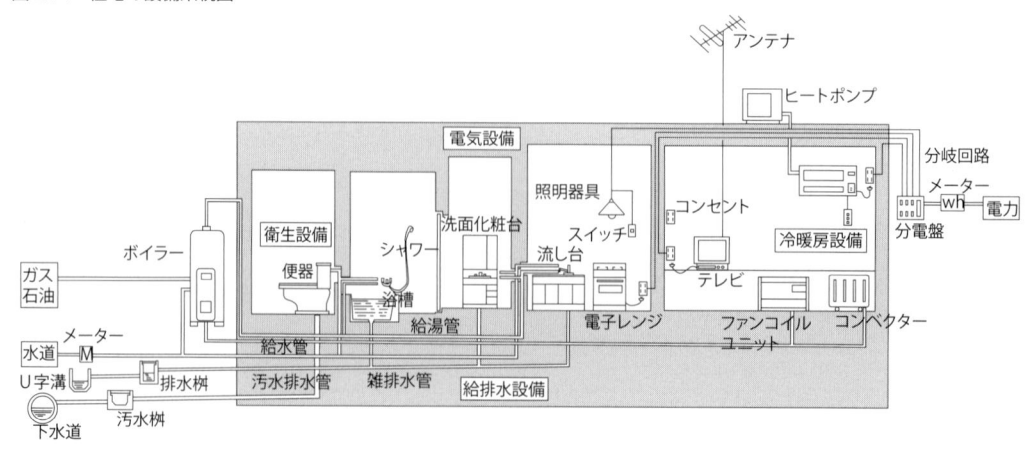

的である。放熱器はコールドドラフト対策として窓下に設置するとよい。

個別式にはパッケージユニット方式があり、小型の壁掛け型ルームエアコンとして広く普及している（図2.75）。

⑤電気設備

ⅰ）電気配線：電力は屋外の配線から電力計、引込み口を経由して、屋内配線に供給される。分電盤にはブレーカーと漏電遮断機が取り付けられており、分岐回路を構成する。代表的な屋内の配線方式として、一般的な分岐回路として使われる100V単相二線式。大型の電動機、クーラーなどに使用する200V単相三線式がある。

ⅱ）照明器具：照明器具は、室の広さや用途によって、適切な照度を確保するように配置、計画する。住宅の室に必要な照度の基準を表2.12に示す。住宅に用いられる光源は、白熱灯と蛍光灯が一般的である。照明方式は配光特性によって、表2.13のように分類される。

【コラム】

建築物総合環境性能評価システム（CASBEE = Comprehensive Assessment System for Building Environmental Efficiency）

CASBEEは建築の環境性能評価に際し、その環境品質・性能（Q）と外部に対する環境負荷（L）の両面から評価し、さらにQ/Lによって「建築物の環境性能効率」という総合的な評価指標を定義するなど、新たな概念を導入したわが国独自の評価システム。優良な住宅ストックを普及する狙いから、戸建て住宅を対象とした「CASBEE－すまい（戸建て）」がある。

次世代省エネルギー基準

「次世代省エネルギー基準」とは、平成11年3月に改正告示された「住宅に係るエネルギーの使用の合理化に関する建築主の判断と基準」および「同設計及び施工の指針」のこと。この基準にかなうような、室内環境を一定に保ちながら、使用するエネルギー量を少なくできる住宅が省エネルギー住宅と呼ばれている。

表2.11　排水方式

図2.75　空気調和方式の各種

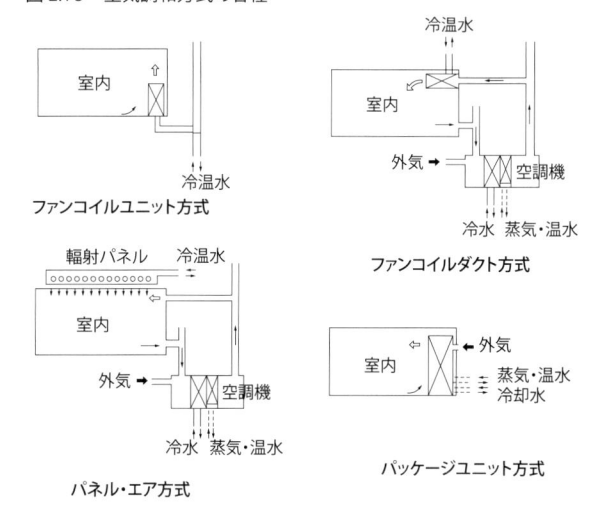

表2.12　住宅の室ごとに必要な照度基準（JIA Z 9110　照度基準・住宅）

表2.13　配光の種別

設計・計画　47

3 設計事例

1992・大阪府大阪市　　　　設計／岸和郎＋ K.ASSOCIATES/Architects

日本橋の家

　大阪の下町の一角、狭小敷地に建つ都市型住宅である。間口2.5m、奥行13m、最高高さ14mの4階建ての建物が、隣地との隙間なく敷地いっぱいに建てられている。間口が極端に狭い敷地にあって、空間の広がりは奥行方向とともに、垂直方向にも展開している。1階がオフィス、2～4階が住居という構成をとるが、1～3階の天井高を極力低く抑え、逆に最上階には6mの天井高を確保し、ここにダイニングルームとテラスを設けている。最上階の平面のおよそ3分の1を占める屋外のテラスと、これに向けて開放された天井の高い居室空間は、都市的な状況下にありながらも自然を享受できる場所となり、地上の喧噪から隔絶され浮遊する「屋上庭園」として位置づけられている。ファサードは、前面の吹抜けの階段室によって、より一層垂直性が強調され、鉄骨やガラス、外観に小口をみせた成形セメント板、エキスパンドメタルなどの硬質な材料が、モノクロームの都会的な印象をつくり出している。　　　（文責・編集担当委員）

■建築概要
敷地面積 /42.74 ㎡
建築面積 /32.50 ㎡
延べ床面積 /112.60 ㎡
　1階 32.50 ㎡、2階 26.17 ㎡、
　3階 31.43 ㎡、4階 22.50 ㎡
建ぺい率 /76.04%（許容 80%）
容積率 /263.45%（許容 400%）
階数 / 地上 4 階
構造 / 鉄骨造

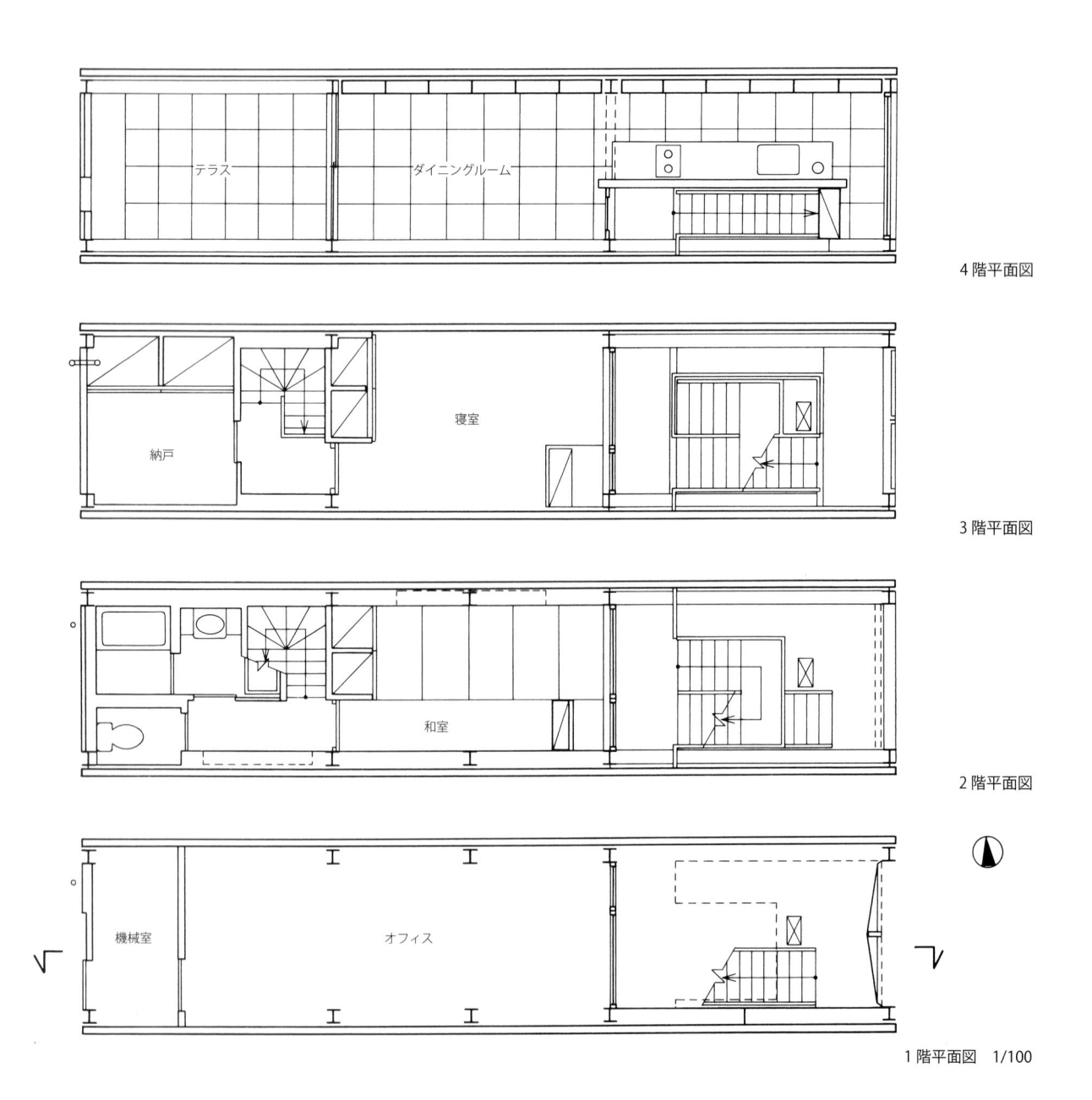

4階平面図

3階平面図

2階平面図

1階平面図　1/100

アクソメ

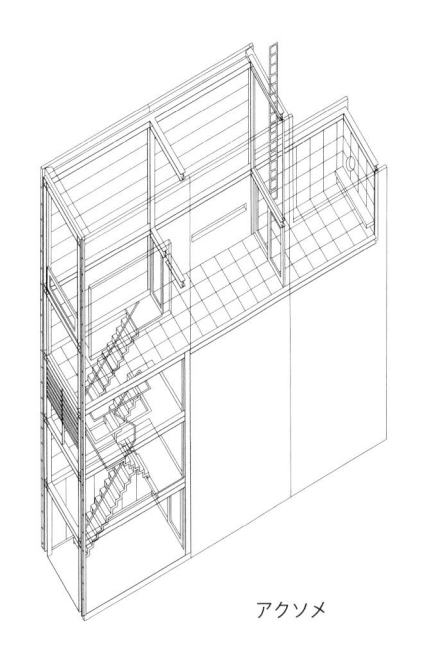

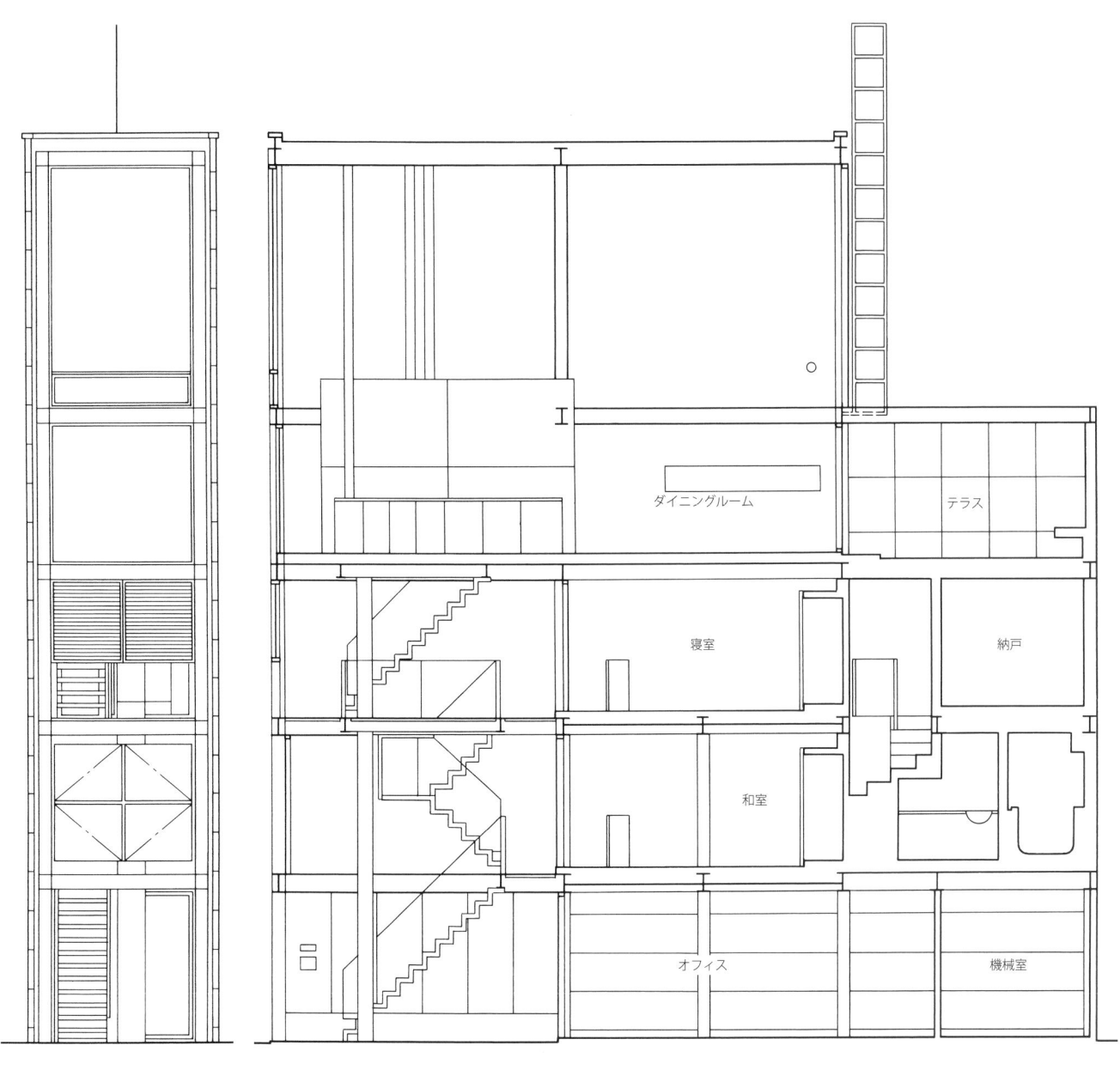

東立面図 1/100

断面図 1/100

ダイニングルーム　テラス

寝室　納戸

和室

オフィス　機械室

設計事例

2004・北海道札幌市

設計／大河内 学・郷田 桃代／インタースペース・アーキテクツ

CELLS HOUSE

　夫婦と子供、母、祖母の三世帯、6人が暮らすための住居である。これまで別々に生活してきた三世帯が、ひとつの場所に集まって住む。「独立した三世帯の集合」という住居の成り立ちを、建築として素直に表現した。

　各世帯が必要とする部屋の数や大きさに従い、様々なサイズをもつ矩形の部屋（セル）を隙間なく密着させる。「セル」の集合体は、一辺約16mの正方形プランをもつ重箱のような平屋建ての住居になる。すべての「セル」を並置することで、家族構成の変化に応じて、部屋の所有を柔軟に変更できる。

　敷地は、一辺約18mの正方形の形状をもつ角地である。交通量が多い前面道路に対し、プライバシーを保ちつつ、外部に向けた開放性を実現するために、敷地いっぱいに建てたボリュームの中に、大小四つの中庭を設けている。中庭も、部屋と同様にひとつの「セル」とみなして、正方形のプランに収められている。各世帯は専有の中庭をもち、居室は中庭に対してのみ開く。隣接する他世帯の中庭から、採光・通風を得ることができるが、窓の高さを違えることで、お互いに覗かれることなく生活できる仕組みになっている。したがって、「セル」の集合体は、互いに独立した箱でありながら、光や風といった自然の要素を媒介にして、互いに依存する関係にある。さらに、三世帯はそれぞれが専用の玄関をもち、扉を介して部分的につながっている。

　この住居の「セル」は17ある。屋根の架構は、2″×10″材を450mm間隔で一方向に掛け渡し、セルによって向きは異なる。梁は現しを基調とし、一部の部屋については天井を仕上げる。架構によって規定される空間の方向性と様々な素材を用いた仕上げの違いにより、異なる性質をもつ部屋が次々と連続するインテリアを実現した。

（文責・編集担当委員）

■建築概要

敷地面積／328.33 ㎡
建築面積／175.50 ㎡
延べ床面積／170.64 ㎡
　1 階／170.64 ㎡
建ぺい率／53.45%（許容 70%）
容積率 51.97%（許容 200%）
階数／地上 1 階
構造／木造在来工法

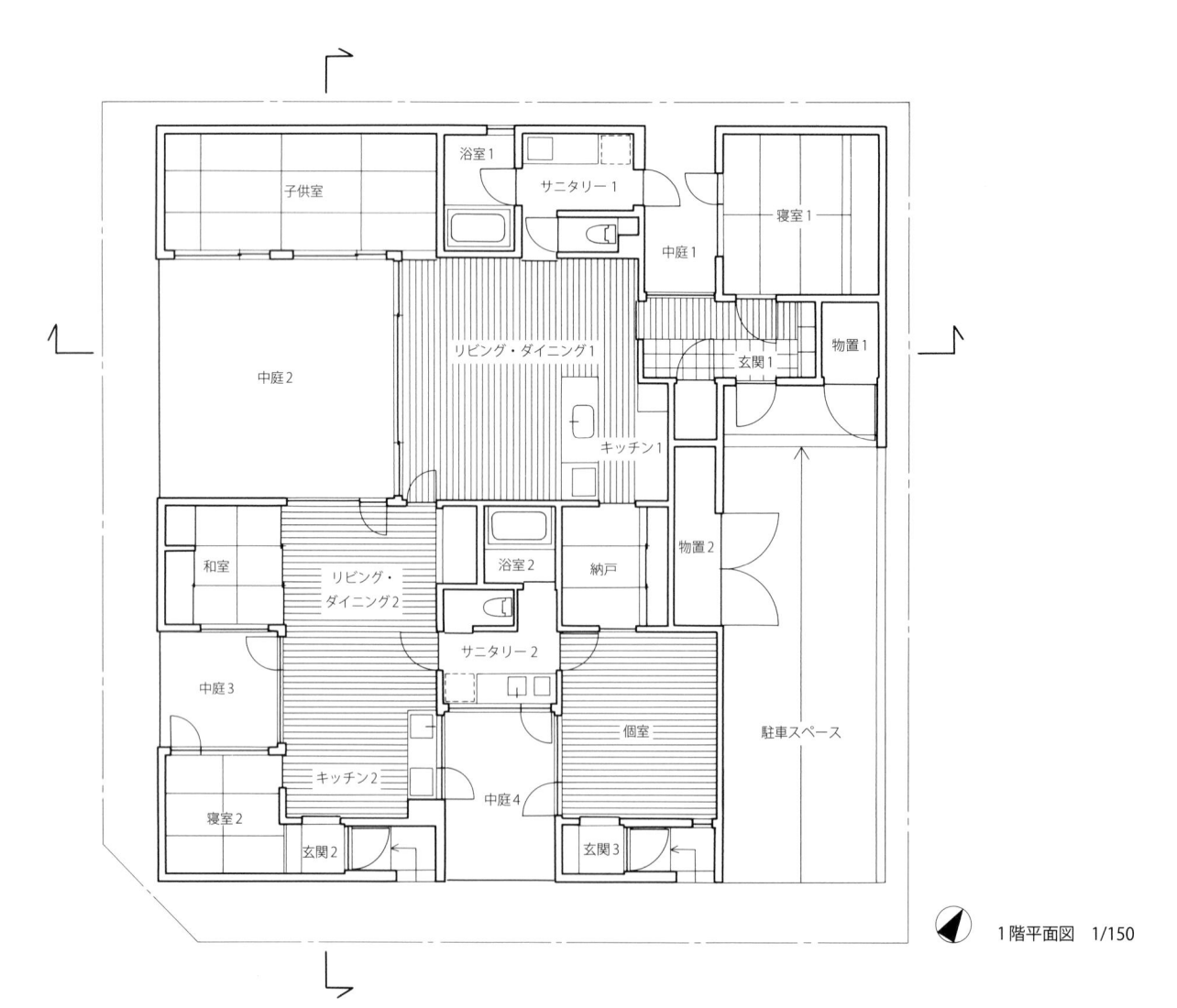

1階平面図　1/150

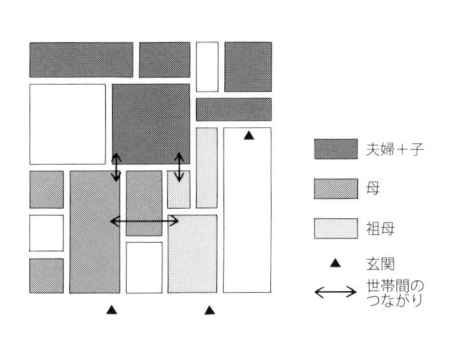

夫婦+子
母
祖母
▲ 玄関
⇔ 世帯間の
　 つながり

独立した三つの住居
三世帯それぞれが専用の玄関をもつ。
住居の奥では部分的につながっており、往来が可能な
プラン。

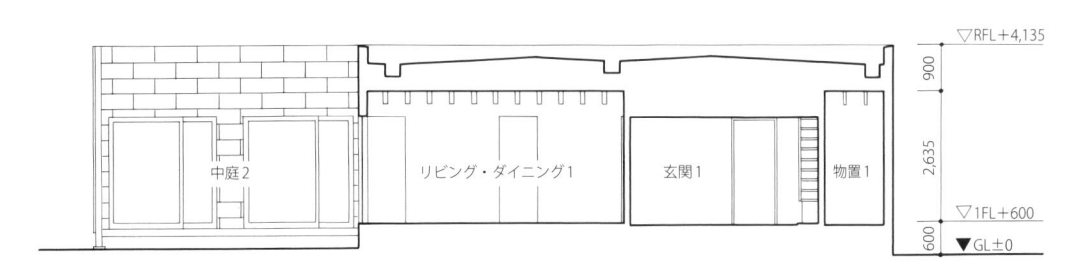

東西断面図　1/150

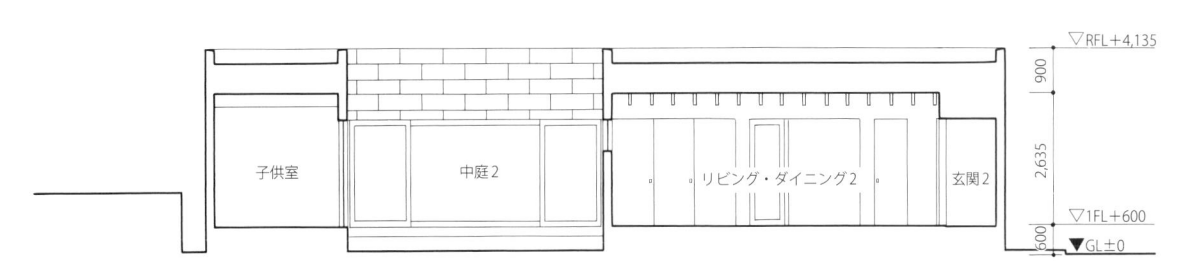

中庭2 ／ リビング・ダイニング1 ／ 玄関1 ／ 物置1

▽RFL+4,135
900
2,635
▽1FL+600
600
▼GL±0

南北断面図　1/150

子供室 ／ 中庭2 ／ リビング・ダイニング2 ／ 玄関2

▽RFL+4,135
900
2,635
▽1FL+600
600
▼GL±0

設計事例　53

1994・岡山県津山市

設計／村上徹建築設計事務所

津山の家

　敷地は岡山の中核都市にあって、周囲にはまだ空地が多く残っているが、将来、都市化がすすみ、建物に埋め尽くされることが予想される。周囲が不確定な状況にあるという場所性を考慮して、この住宅には中庭形式がとられた。

　中央にヴォイドなスペースを配した正方形のプランである。住宅として必要な諸室を、寝室、居間、和室の三つに大別して正方形の三辺に配置し、庭を囲み、あいだに半外部空間を入れながら、母屋と離れのような関係をつくり出している。建物は、コンクリート造の自立壁とステンレススチールの自立柱によって形成され、四辺にめぐらした屋根を浮かせたように支えている。屋根からキャンチレバーで突き出したルーバーは各室に日陰をつくり、また、付近の中層建物からの視線を遮る。テラスに水を張れば、反射やさざ波から、光や風を感じとることができる。

　単純な幾何学形態の中に、都市の中にあっても静けさを獲得し、新たな自然と向き合える住空間が実現されている。　　　　　（文責・編集担当委員）

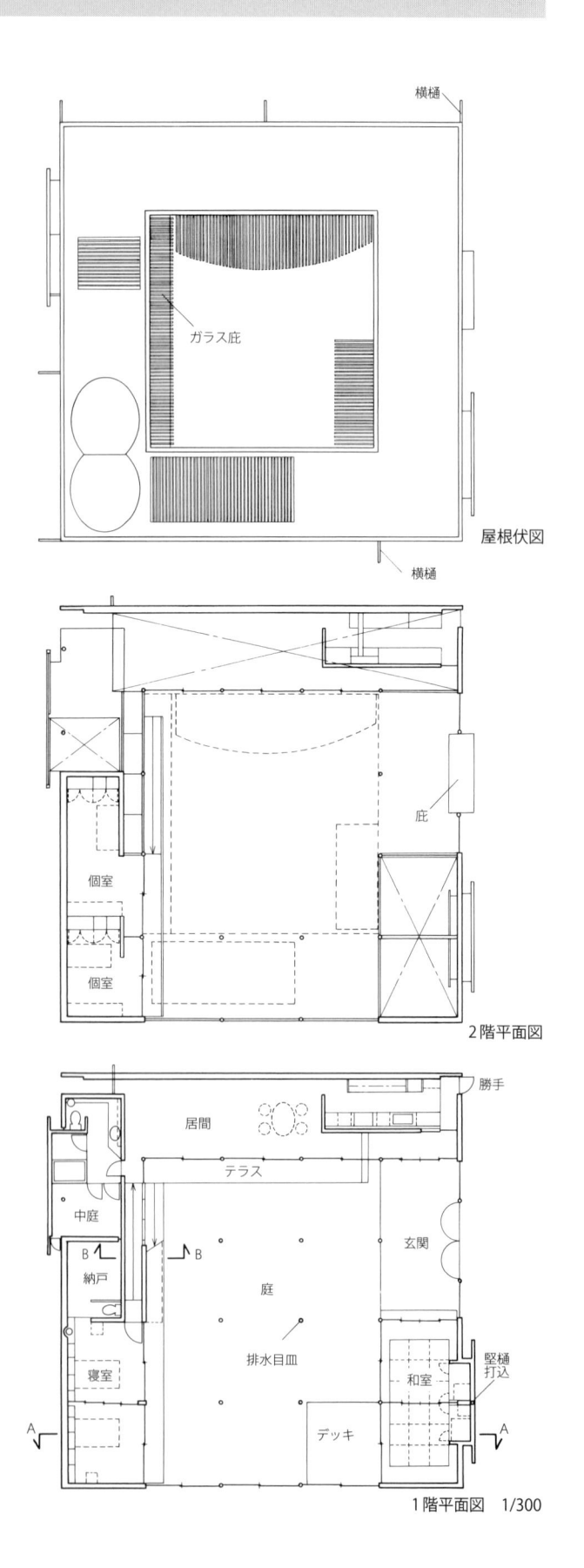

屋根伏図

2階平面図

1階平面図　1/300

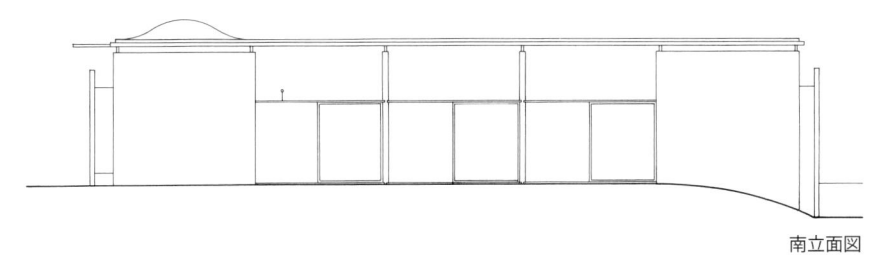

南立面図

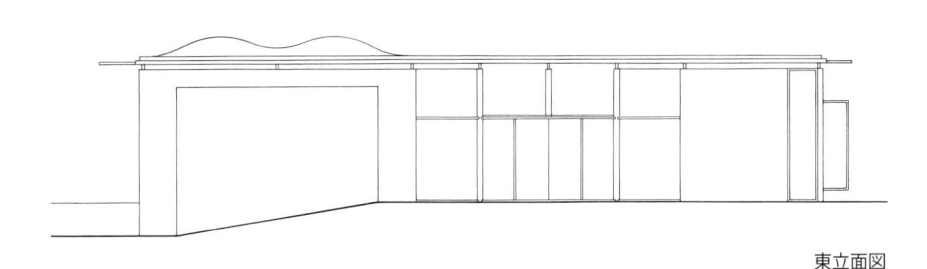

東立面図

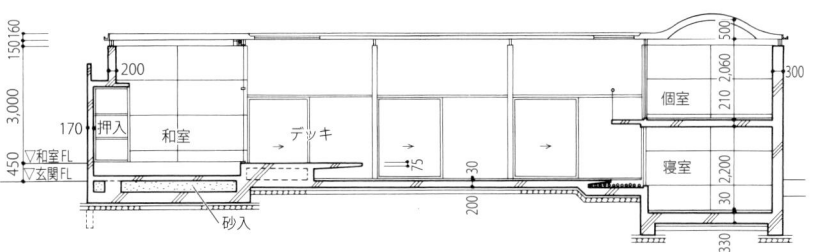

A-A断面図　1/200

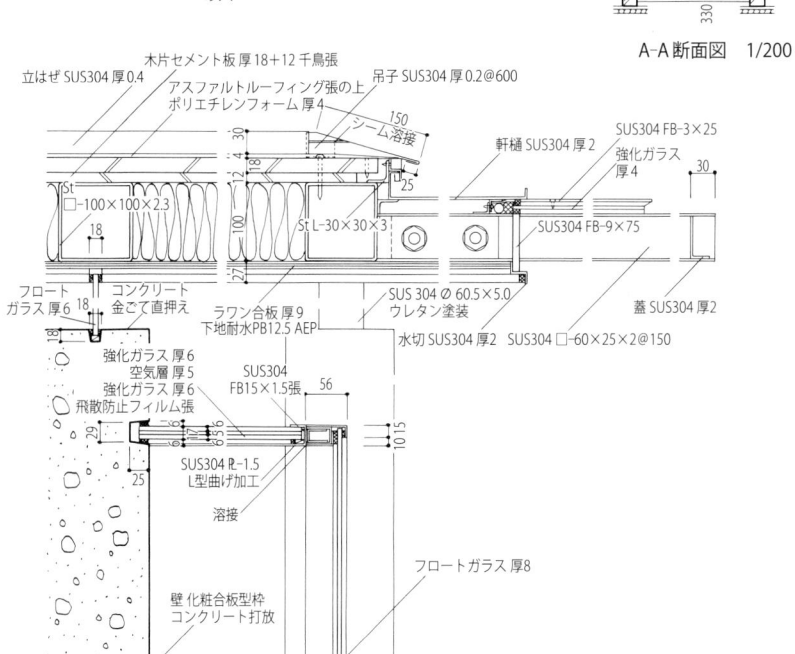

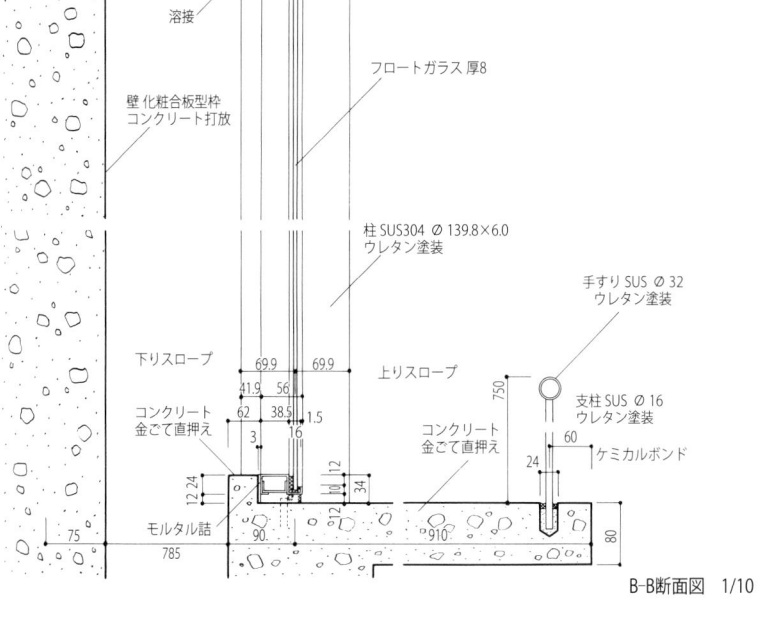

B-B断面図　1/10

■建築概要

敷地面積 /942.06 ㎡
建築面積 /229.93 ㎡（別棟倉庫等 67.28 ㎡含む）
延べ床面積 /265.57 ㎡（別棟倉庫等 67.28 ㎡含む）
　1 階 35.64 ㎡、2 階 229.93 ㎡
建ぺい率 /24.8%（許容 63%）
容積率 /24.4%（許容 200%）
階数 / 地上 2 階
構造 / 鉄筋コンクリート造＋鉄骨造

設計事例　55

2002・大阪府枚方市

設計／小嶋一浩/C＋A

ヒムロハウス

　30 mを超える細長いプランは、その内部がさらに長手方向に2分割されている。その一方が、ワンルームの「白」のスペース、もう一方が、小さい空間が連なった「黒」のスペースである。「黒」は「使われ方と空間が1対1対応している空間」、「白」のほうは「使われ方によってその場所の呼び方が変化するような空間」である。全体が途中で折れ曲がっていて、若干の段差がある。空間が折れ曲がることで、実際以上の距離感が生まれる。空間の中に見えそうで見えない部分があることで、人はその方向に引っ張られる。あるいは視点の微妙な移動で空間の現れ方が大きく揺らぐ効果もある。

　「黒」の使われ方を限定された空間を配することで「白」のアクティビティが喚起される。その「黒/白」の接触する境界の長さを大きくとり、かつ「黒」の中だけでも動線がつながるように配置したのがこの建築だ。「部屋名」はつけていない。今の使われ方に対応した部屋名を付けることはもちろん可能だが、住宅に限らずとも建築は「部屋名＝機能」に依存しすぎていると考えるからである。　　　　　　（小嶋一浩）

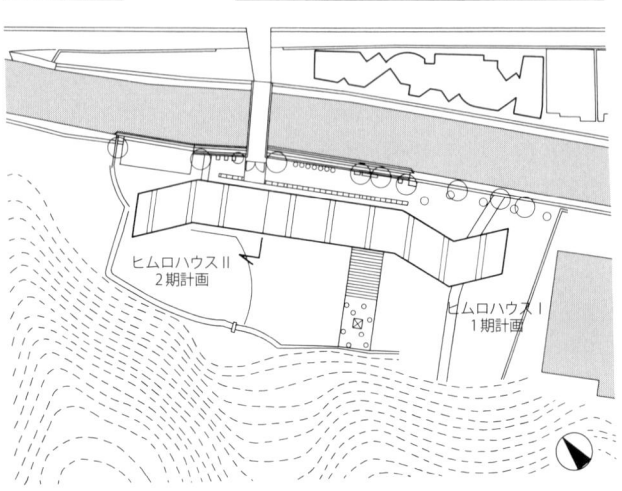

配置図　1/1,000

1階平面図　1/200

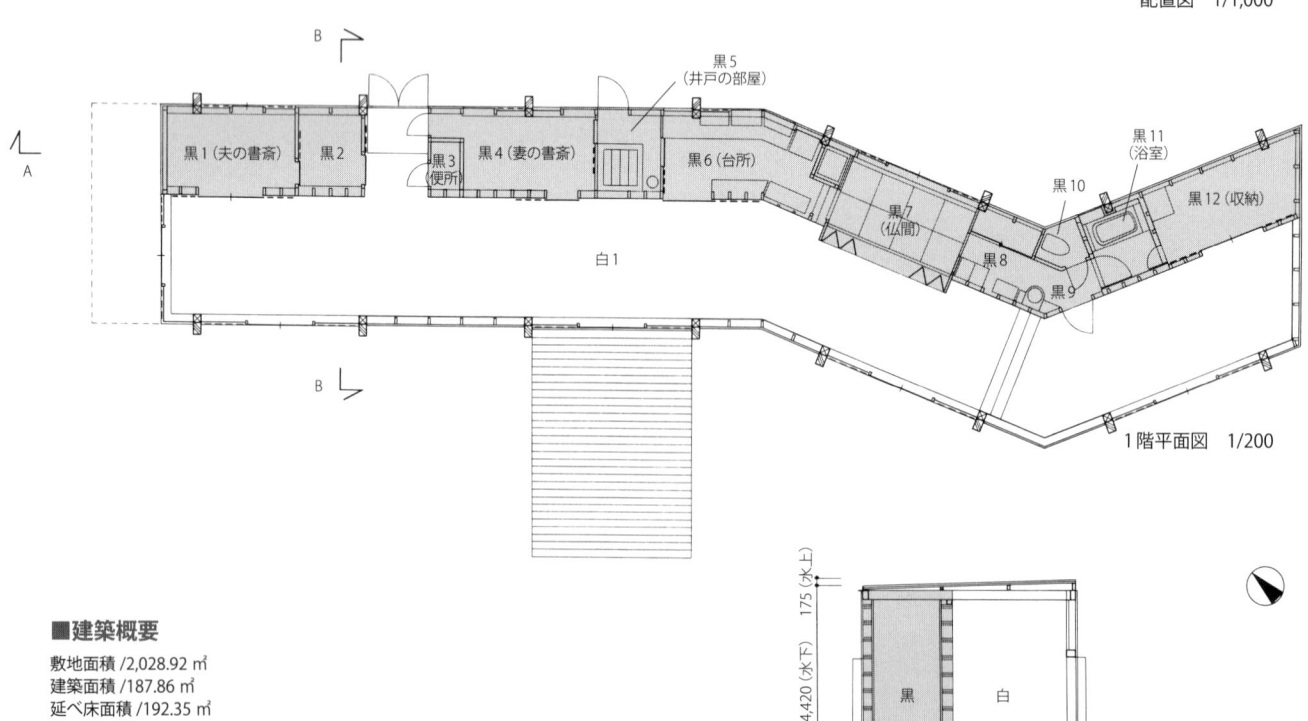

B-B断面図　1/200

■建築概要
敷地面積／2,028.92㎡
建築面積／187.86㎡
延べ床面積／192.35㎡
　1階 177.85㎡、2階 14.50㎡
建ぺい率／9.26％
容積率／9.48％
階数／地上2階
構造／木造＋一部鉄筋コンクリート造

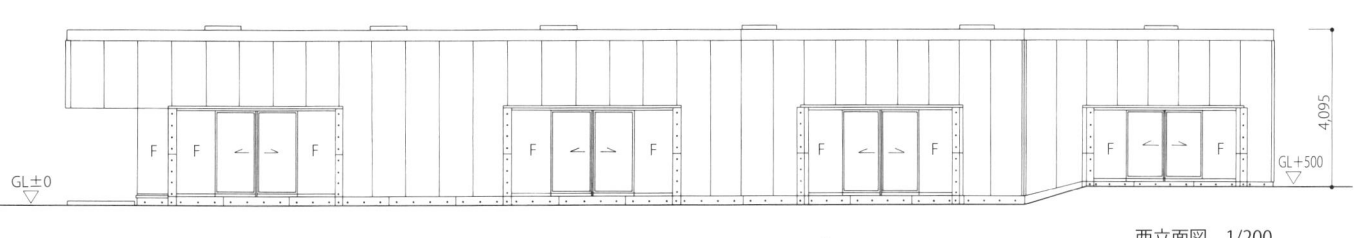

西立面図　1/200

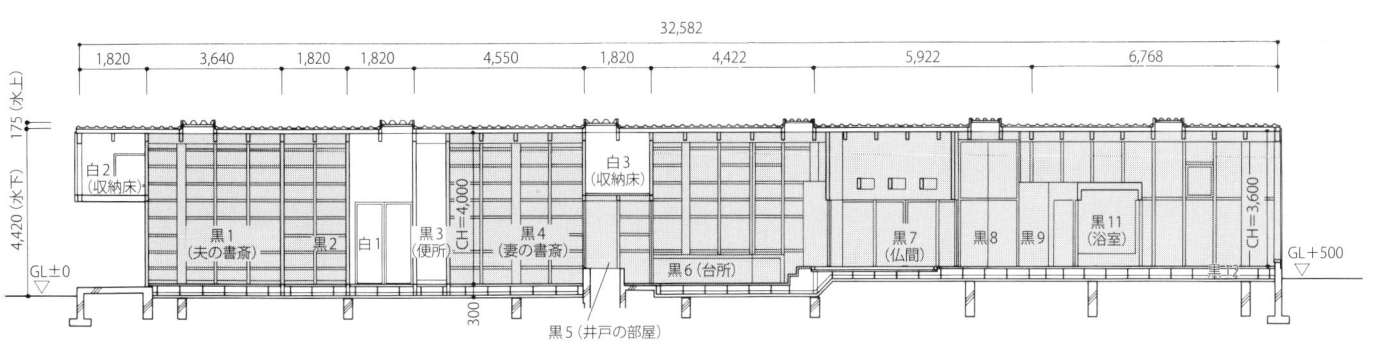

A-A断面図　1/200

設計事例

1992・山口県　　　設計／三分一博志建築設計事務所

北向傾斜住宅

　住宅の敷地に適さないとされる北斜面において、パッシブ的な設計手法により、快適な住空間を実現する試み。緑化した人工地盤（屋根）を敷地の傾斜に合わせて、地面から少し浮かせ、その下の半地下部分を住空間として利用している。夏期は太陽高度が高いので、この人工地盤によって直射日光を遮ることができる。煙突効果により、谷側から山側へゆっくりと空気が流れ、通風にも優れている。一方、冬期には太陽光が一日中差し込み、天井面に蓄熱することができる。居室の大部分は地下に埋蔵されているため、年間を通して室温が安定する。居住部分は、敷地の傾斜に合わせたひな壇状の断面構成である。山側の玄関から谷へ向かう方向に、プライバシーの濃度が高まるように計画されている。北側には大きな横長の窓が設けられており、谷に広がる周囲の自然林を眺めることができる。夏期の環境シミュレーションを行い、良好な熱環境を確認している。施工時に発生した残土は敷地内に埋め戻し、コンクリート型枠の再利用を行うなど、細やかな環境への配慮が行き届いている。

（文責・編集担当委員）

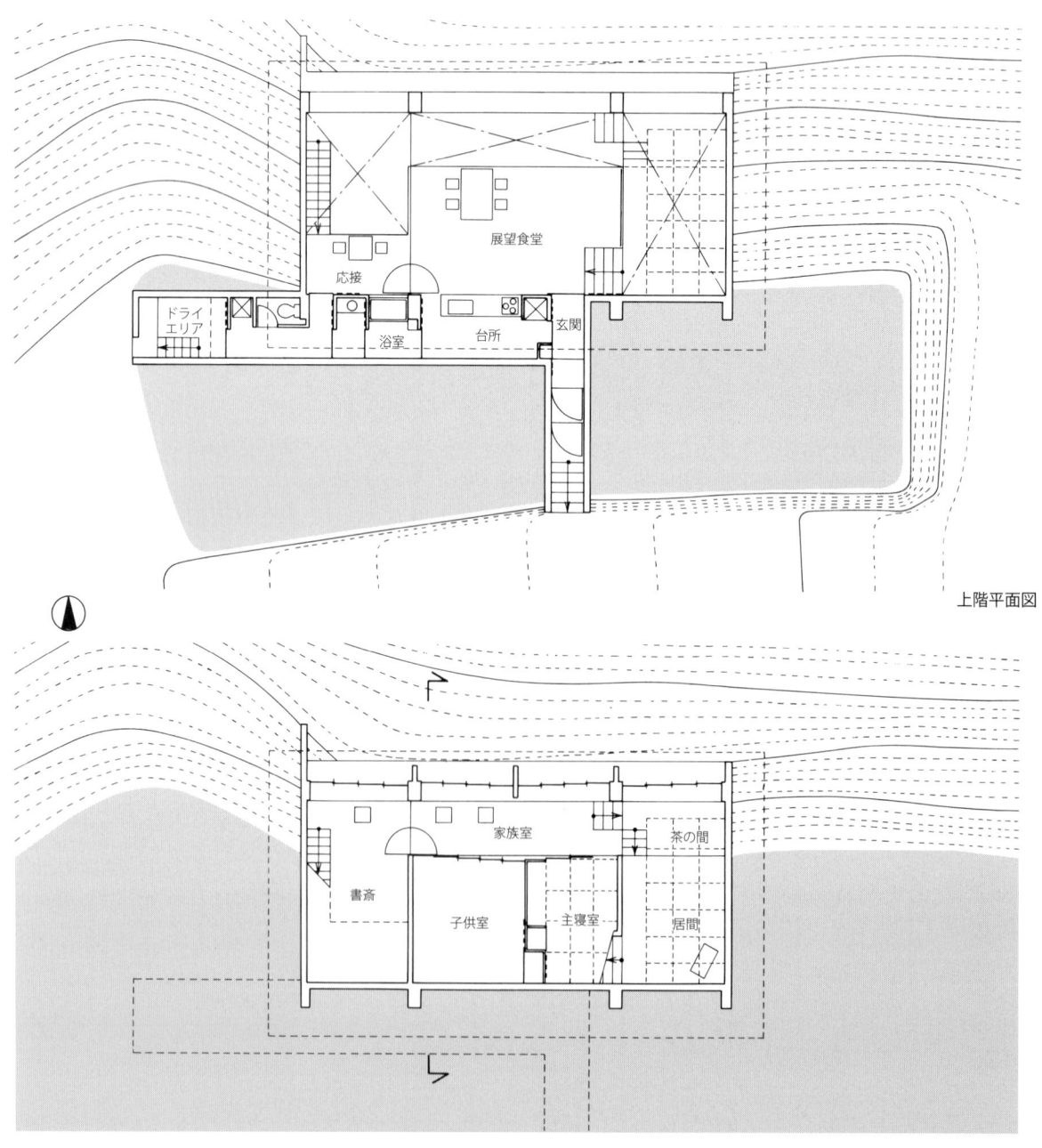

上階平面図

下階平面図　1/200

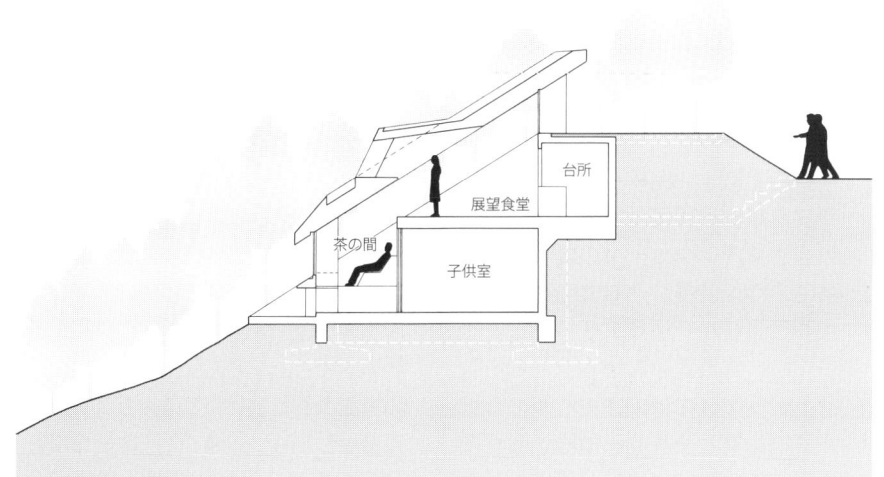

断面図 1/200

■建築概要
敷地面積 /889.47 ㎡
建築面積 /103.40 ㎡
延べ床面積 /136.54 ㎡
　地下1階 69.63 ㎡、地下2階 66.91 ㎡
建ぺい率 /11.63%（許容 50%）
容積率 /15.36%（許容 60%）
階数 / 地下1階、地上2階
構造 / 鉄筋コンクリート造

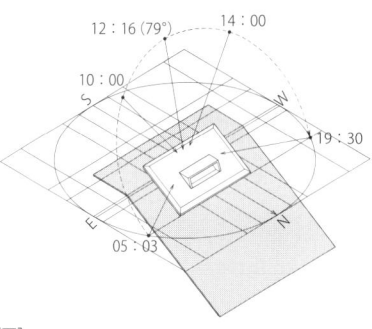

[夏]
夏の太陽光。北寄りの日の出・日没。午前中から角度が高く、一日を通して室内に光が入らない。

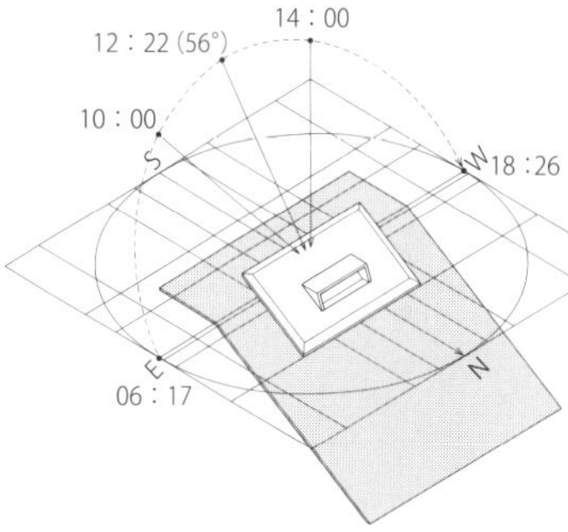

[春・秋]
春・秋の太陽光。真東からの日の出、真西への日没。肌寒い朝や夕方などは室内を温め、真昼は屋根によって遮られる。

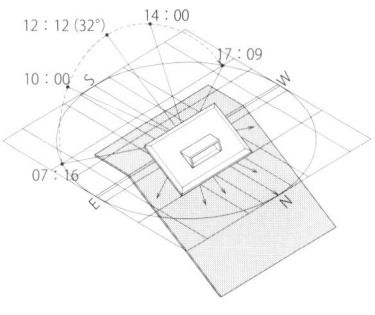

[冬]
冬の太陽光。南寄りの日の出・日没。一日を通して室内に入射し、天井等に蓄熱する。

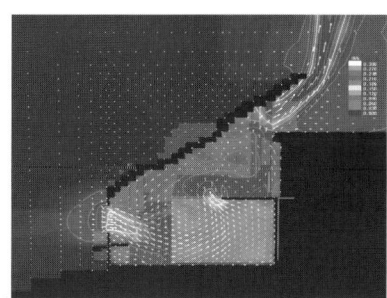

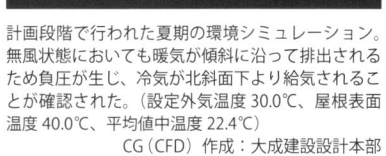

計画段階で行われた夏期の環境シミュレーション。無風状態においても暖気が傾斜に沿って排出されるため負圧が生じ、冷気が北斜面下より給気されることが確認された。（設定外気温度 30.0℃、屋根表面温度 40.0℃、平均値中温度 22.4℃）
　　　　　CG（CFD）作成：大成建設設計本部

設計事例

2000・北海道札幌市　　　　　　　　　　　　設計／圓山彬雄／アーブ建築研究所

地熱利用の SOHO

　この建物は、札幌市に建てられた。積雪寒冷地の建築計画では、熱容量の大きなコンクリートの躯体を断熱材ですっぽり覆い込む外断熱工法が最も望ましく、消費エネルギーを小さくし、環境負荷の小さなものとなる。さらに寒さに閉ざされがちな冬の室内空間を開放的にすることができる。この敷地は地盤が悪いため摩擦杭を用いることになり、その杭を利用して不凍液を循環させる熱交換装置をつくり、地熱を利用した床暖冷房方式を採用した。

　また、開放性を求めてつくった大きな開口部は、気温、日射などの変動によって室内環境に直接大きな影響を及ぼすことから、ここでは南側に三層吹抜け空間を設けて、気候変動の緩衝空間とし、風除け、玄関、ホールの機能をもたせた。この内と外を自在に接続したり、断絶できる中間領域としてののびやかな空間は、寒冷地における建築的テクニカルアプローチから創造された空間であり、新しい手法となるに違いない。　　　（圓山彬雄）

■建築概要
敷地面積 /276.40 ㎡
建築面積 /92.70 ㎡
延べ床面積 /247.63 ㎡
　1 階 85.26 ㎡、2 階 71.17 ㎡
建ぺい率 /33.54%（許容 40%）
容積率 /59.73%（許容 60%）
階数 / 地下 1 階、地上 2 階
構造 / 鉄筋コンクリート造＋一部木造

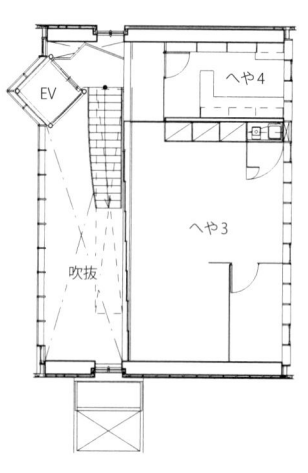

2 階平面図　1/250

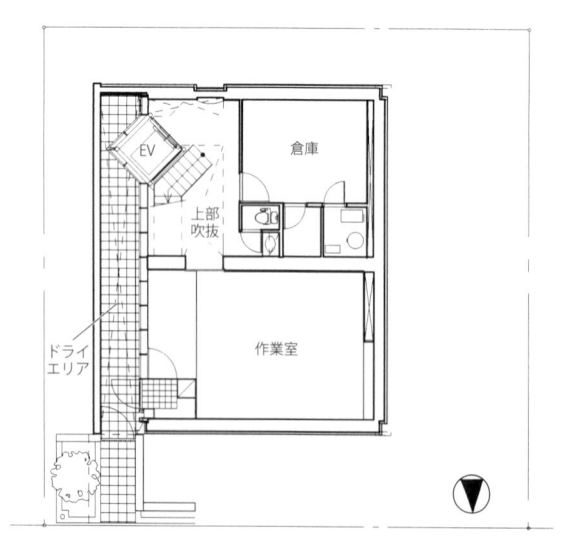

地階平面図　1/250

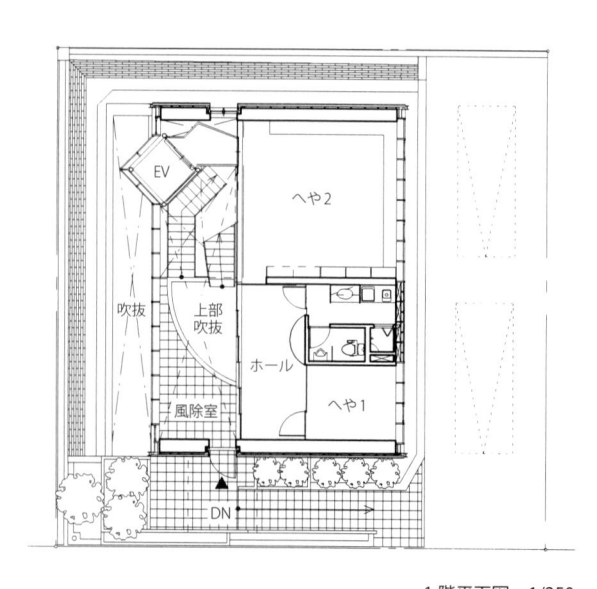

1 階平面図　1/250

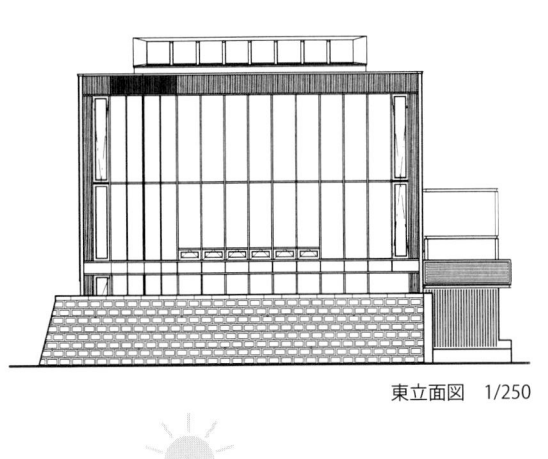

東立面図　1/250

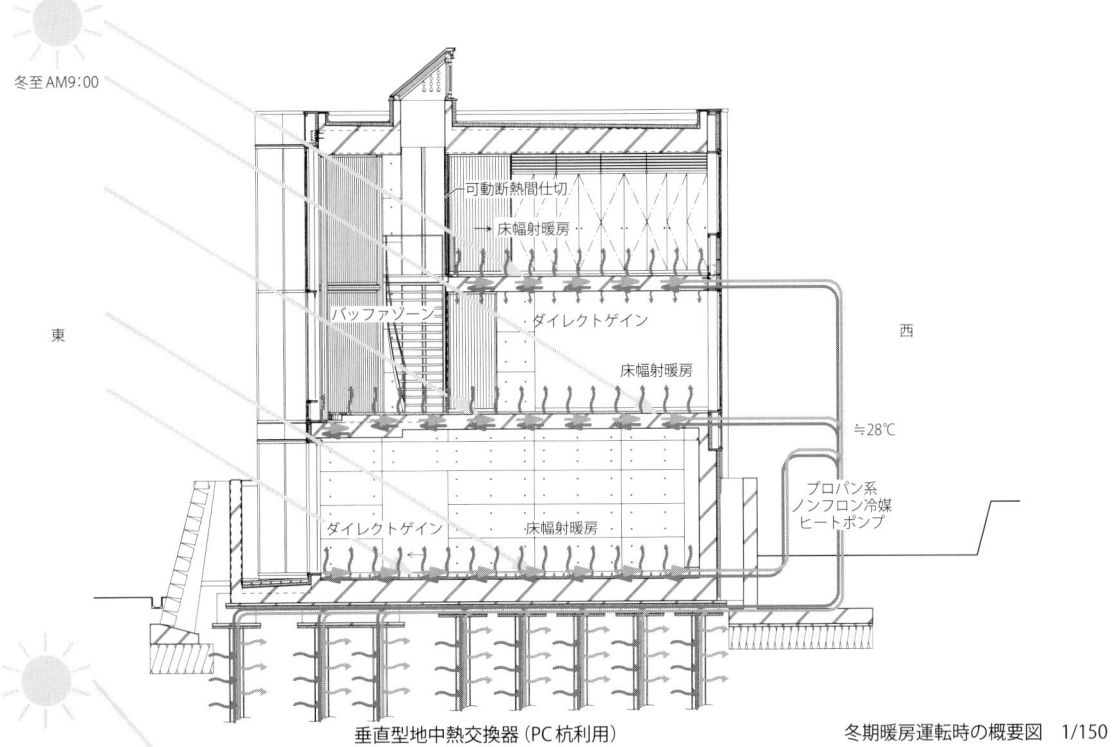

冬至AM9:00

可動断熱間仕切
床幅射暖房
バッファゾーン
ダイレクトゲイン
床幅射暖房
≒28℃
ダイレクトゲイン
床幅射暖房
プロパン系
ノンフロン冷媒
ヒートポンプ

東

西

垂直型地中熱交換器（PC杭利用）　　　冬期暖房運転時の概要図　1/150

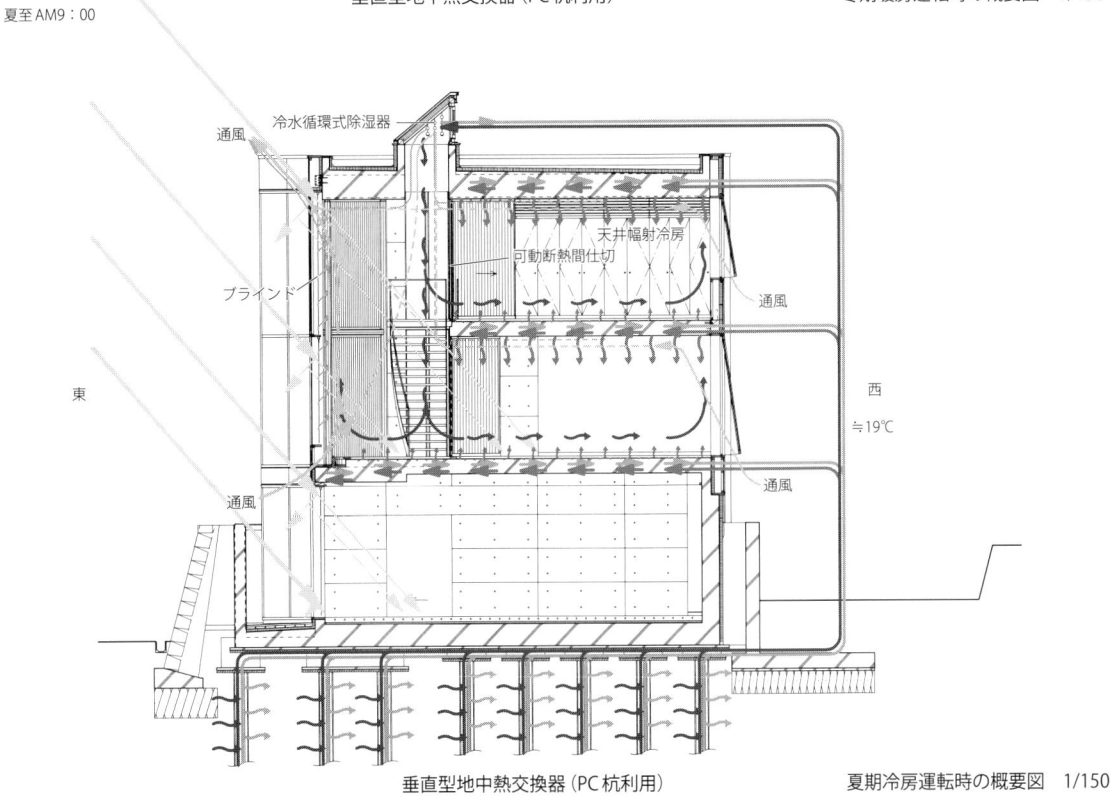

夏至AM9:00

冷水循環式除湿器
通風
天井幅射冷房
可動断熱間仕切
ブラインド
通風
≒19℃
通風
通風

東

西

垂直型地中熱交換器（PC杭利用）　　　夏期冷房運転時の概要図　1/150

設計事例　61

1995・静岡県伊東市　　　　　　　　　　　　　　　　　　　　設計／内藤廣建築設計事務所

住居 No.18　伊東・織りの家

　敷地は伊東にある北斜面で、山林に囲まれた自然豊かなところであるが、30度以上の急勾配、風化安山岩の堆積した脆い地盤、多震地域という厳しい条件の土地である。敷地にできるだけ人工的な手を加えないようにとの配慮から、接地面積をなるべく少なく抑え、建築をマッシブな形状とした。深礎を打ち、基礎、スラブ、擁壁を一体化し、ひな壇のような人工地盤をつくった。人工地盤の上は建物を軽量化するため木造とした。

　素材は人工的に手を加えられたものではなく、できるだけ自然に近いものを選んだ。床は仕上げ材としてはかなり動きの激しい厚さ34mmの唐松の足場板を使用した。施主の要望もあって装飾としてのディテールは極力減らし、単純で骨格がはっきりした空間をつくるように設計を進めた。

　2階は北斜面の条件を建築的に克服するために、棟のところには幅の狭いトップライトを線状に設け、南の光が内部空間にいつも入ってくるように配慮した。この光が、空間に様々な表情を与えている。

　建て主は斜面の緑の中に置かれたこの建物をベースに、のびやかな生活を送っている。建物は、次第に住み手の色に染められ、木を植え、道をつくり、環境を整え、インテリアを充実させていった。建物が竣工して時間が経過しているが、内も外も年々充実し、変わり続けている。（内藤廣）

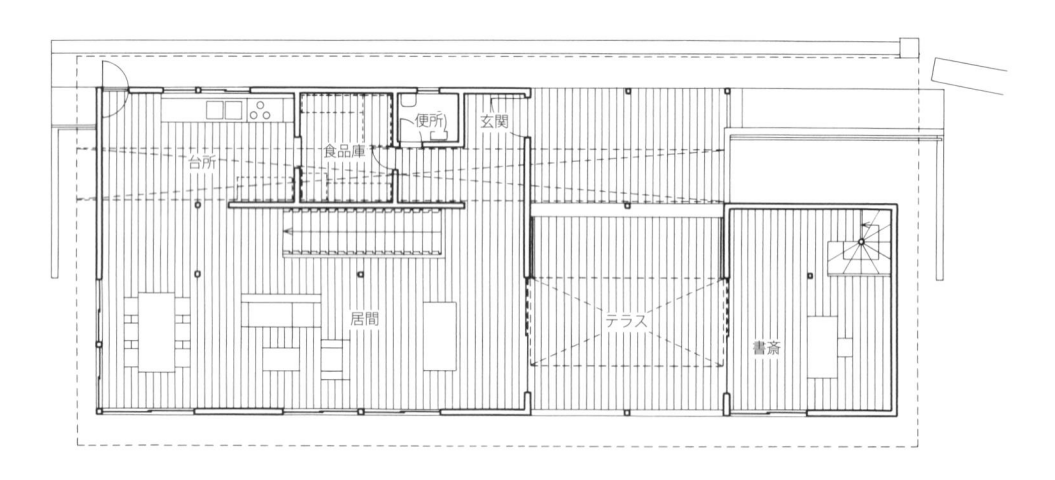

2階平面図

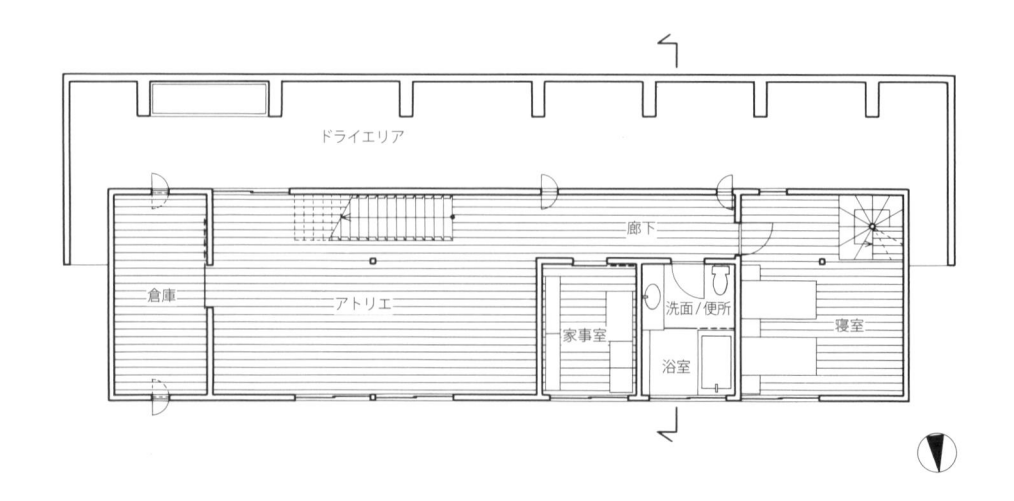

1階平面図　1/200

■建築概要
敷地面積 /852.24 ㎡
建築面積 /151.74 ㎡
延べ床面積 /239.22 ㎡
　1 階 116.64 ㎡、2 階 122.58 ㎡
建ぺい率 /17.8％（許容 40％、別荘地自主規制）
容積率 /28.0％（許容 80％）
階数 / 地上 2 階
構造 / 木造＋一部鉄筋コンクリート造

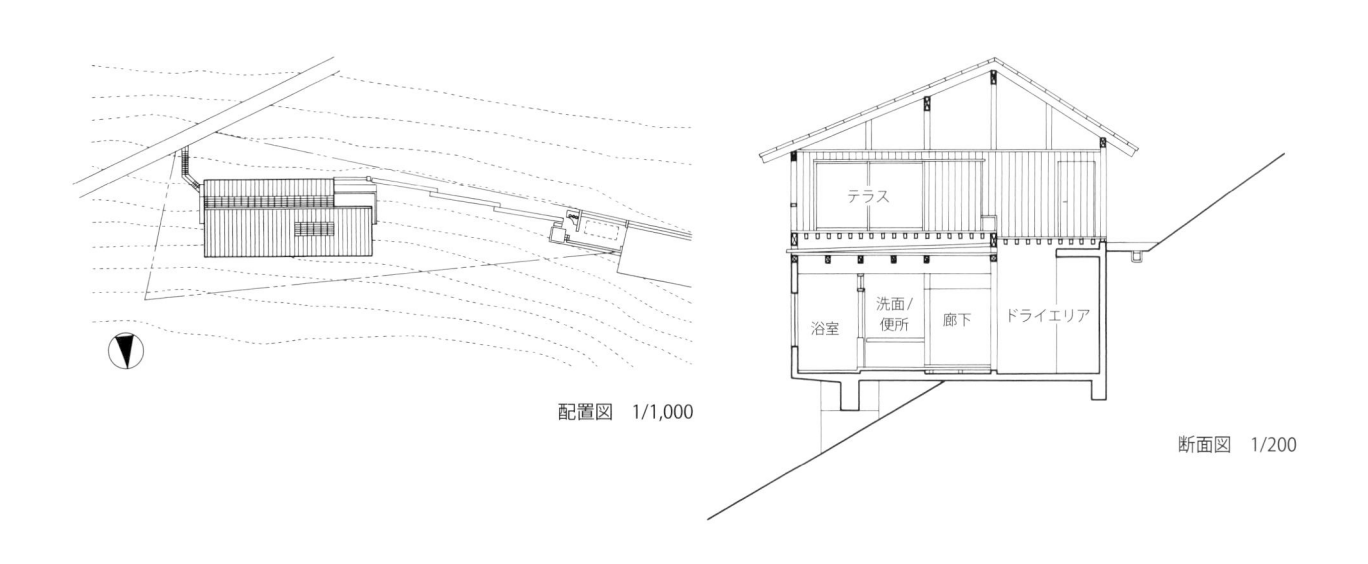

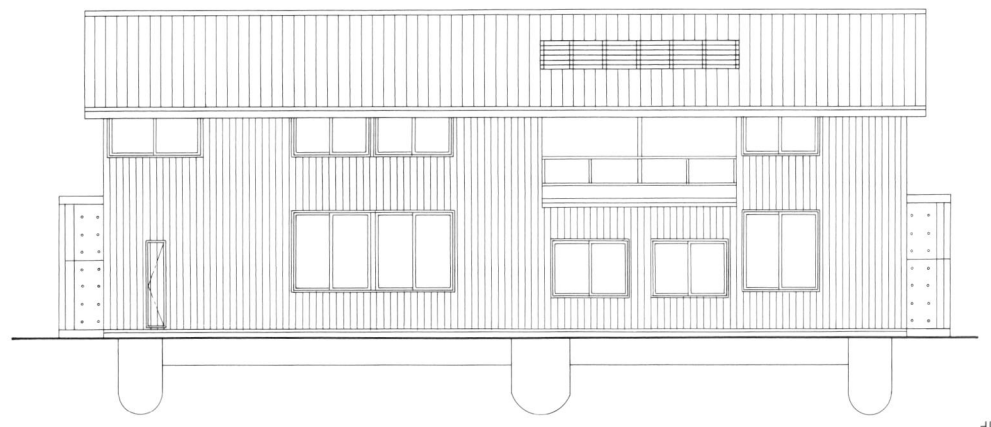

配置図　1/1,000

断面図　1/200

北立面図　1/200

設計事例

2005・東京都新宿区　　　　　　　　　　　　　　　　　　　　　　　　　　　設計／アトリエ・ワン

ハウス&アトリエ・ワン

　アトリエ・ワンの事務所兼用住宅である。事務所と住宅が一棟の建物に同居するメリットを追求した結果、事務所（下2層）と住宅（上2層）を完全に分離するのではなく、あえて一体化している。内部空間は様々な広さの踊り場を居室としたスキップフロアとそれに隣接する床の積層によって構成され、各フロアは階段室によってつながる。北側斜線によって傾いた外壁に合わせて柱列が傾き、空間に揺らぎを生み出している。窓からは周辺の風景が切り取られる。旗竿地に建っているため、表通りから建物はほとんど見えない。いわば内部しかない建物である。この内外の関係が建物を面白くしている。連続した縦の吹抜け空間には、井水を利用したヒートポンプによる輻射式冷暖房システムが設置されている。約15℃を保つ井水によって、省エネに貢献している。

（文責・編集担当委員）

■建築概要
敷地面積／109.03 ㎡
建築面積／60.94 ㎡
延べ床面積／218.67 ㎡
　地下1階 54.04 ㎡、1階 58.49 ㎡、
　2階 54.47 ㎡、3階 47.69 ㎡
建ぺい率／55.89%（許容 60%）
容積率／156.76%（許容 160%）
階数／地下1階、地上3階、塔屋1階
構造／鉄骨造＋一部鉄筋コンクリート造

2階平面図 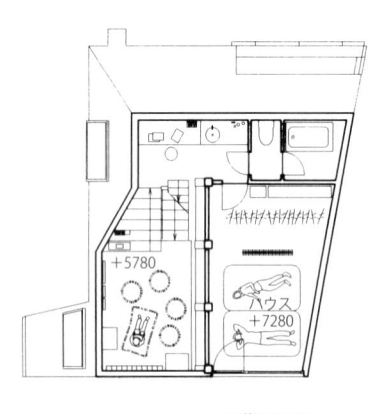　　　　　3階平面図 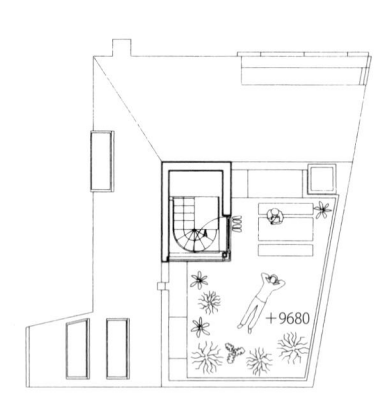　　　　　屋上階平面図

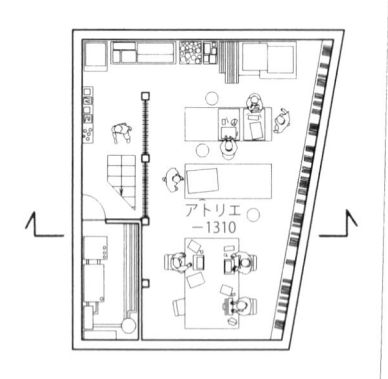

地下1階平面図

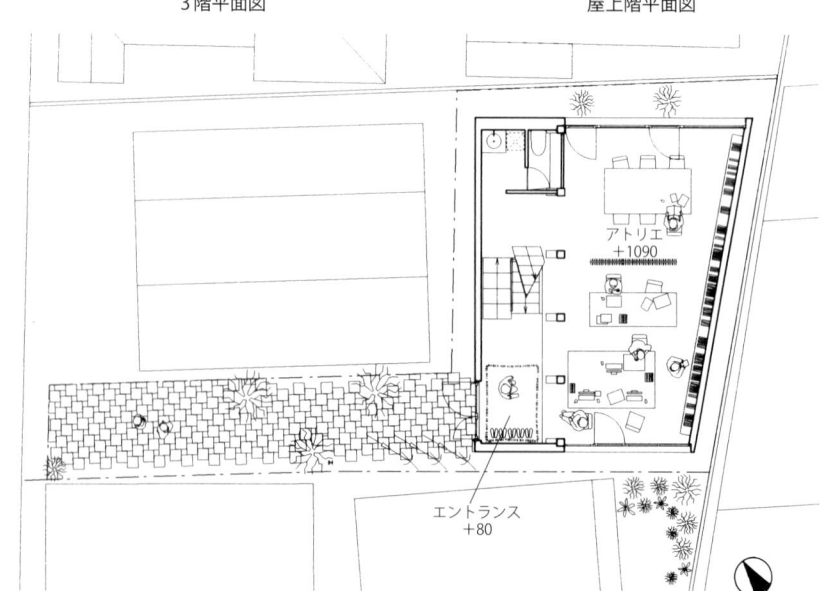

1階平面配置図　1/200

断面詳細図 1/80

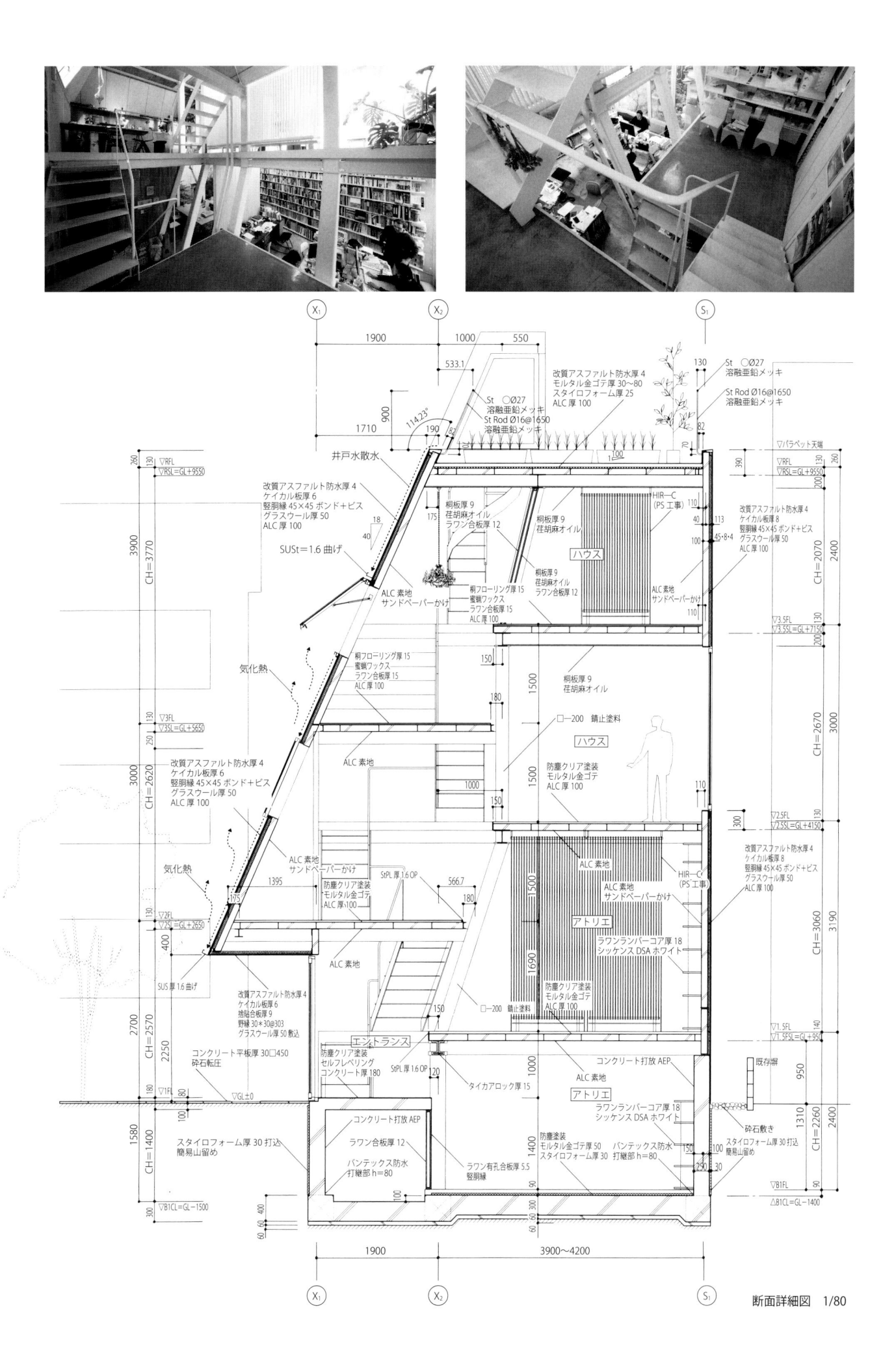

設計事例

4 設計図面

2005・さいたま市中央区　　　　設計／難波和彦＋界工作舎

箱の家 108　小野塚邸

南側外観夕景　テラスの奥に一室空間の室内が見える

　「箱の家108」は、「箱の家シリーズ」の中で、エコハウスをめざして環境測定実験を開始した段階の住宅である。敷地はさいたま市郊外の住宅地にあり、住み手は若い夫婦と幼い子供2人の4人家族である。空間構成は初期の「箱の家」と同じく南面吹抜けをもつ完全な一室空間住居だが、奥行が5.4mとやや狭く、南面開口の幅は通常よりも大きくなっている。外壁は断熱パネルで建物全体を包み込む外断熱構法、窓はすべて断熱アルミサッシとペアガラスである。「箱の家100」以降の「箱の家」でQ値（建物全体の断熱性能）の実測を行った結果、すべての「箱の家」で実測値の方が次世代省エネ基準の計算値よりも上回っていた。したがって計算値で基準をクリアすれば問題ないことが判明した。「箱の家108」では特に気密性の確保に留意している。室内環境を測定した結果、冬期の昼間は直射日光によるダイレクトゲインが大きく、快適な室内環境が確保できるが、夜間になると南面吹抜けの大開口からコールド・ドラフトがあることが分かった。これは1階床に組み込んだ水蓄熱式床暖房（アクアレーヤー・システム）の設定温度を上げることによって解決している。　　（難波和彦）

■建築概要
家族構成／夫婦＋子供2人
敷地面積／112.93 ㎡
建築面積／63.94 ㎡
延べ床面積／93.48 ㎡
　1階 63.94 ㎡、2階 29.54 ㎡
建ぺい率 56.6%＜（法定60%）（許容建築面積 67.75 ㎡）
容積率 82.8%＜（法定160%）（許容延べ床面積 180.68 ㎡）
地域地区／第一種中高層住居専用地域、埼玉県条例第3条適用
階数／地上2階
構造／木造

■外部仕上
屋根：ガルバリウム鋼板厚0.4立てハゼ葺き
外壁：ガルバリウム鋼板厚0.5角波

■内部仕上
リビング
　床：フローリング厚15　下地合板厚15
　天井：断熱パネルアラワシ　オスモカラー＋クリア塗装
子供室・寝室
　床：フローリング厚15　捨て合板厚15（電気配線）
　壁：シナベニヤ厚6 V目地突付け　オスモカラー＋クリア塗装
　天井：断熱パネルアラワシ　オスモカラー＋クリア塗装

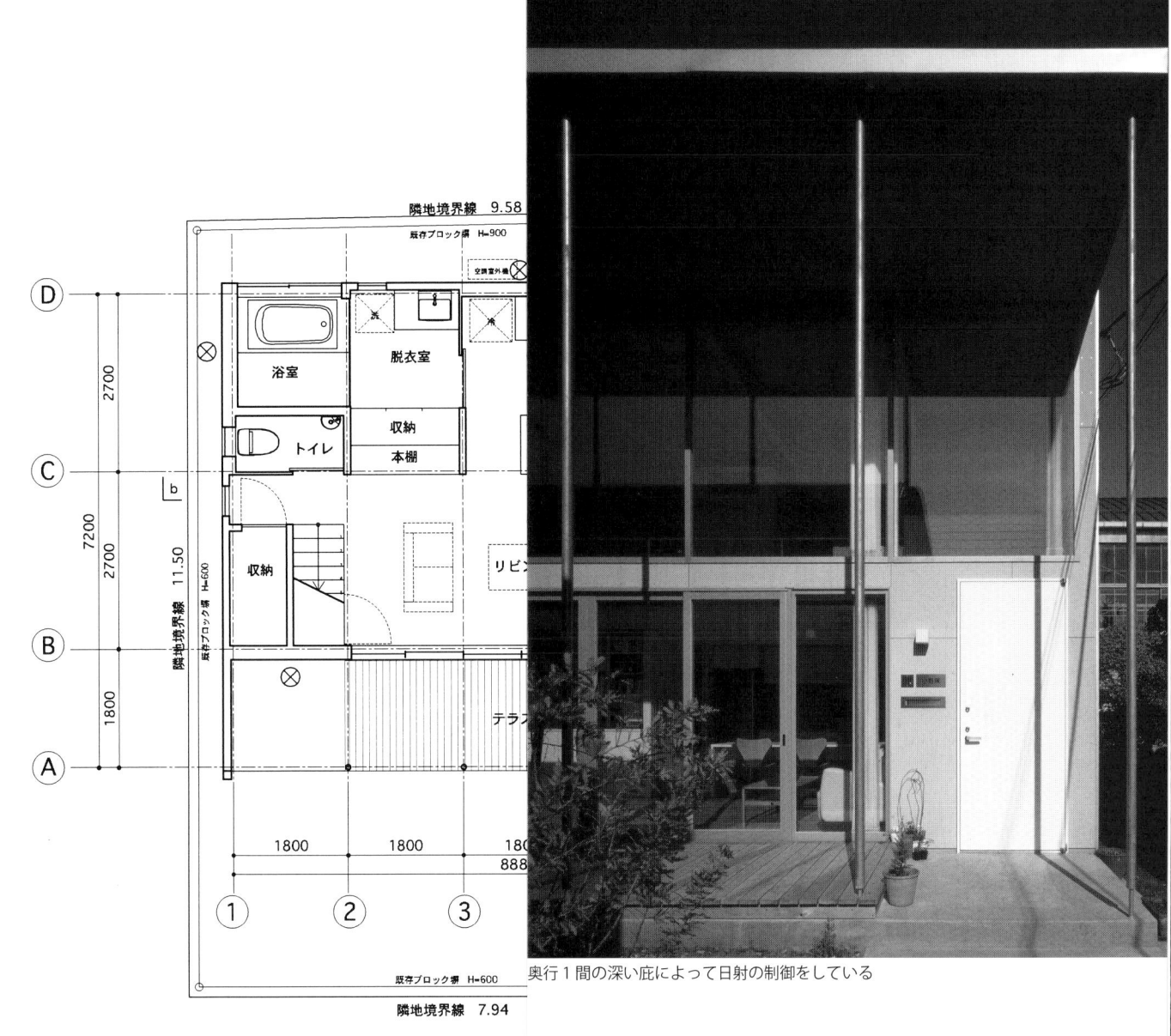

奥行1間の深い庇によって日射の制御をしている

1階の家族の空間と2階の個室は吹抜けを介して緩やかにつながる

a 断面図

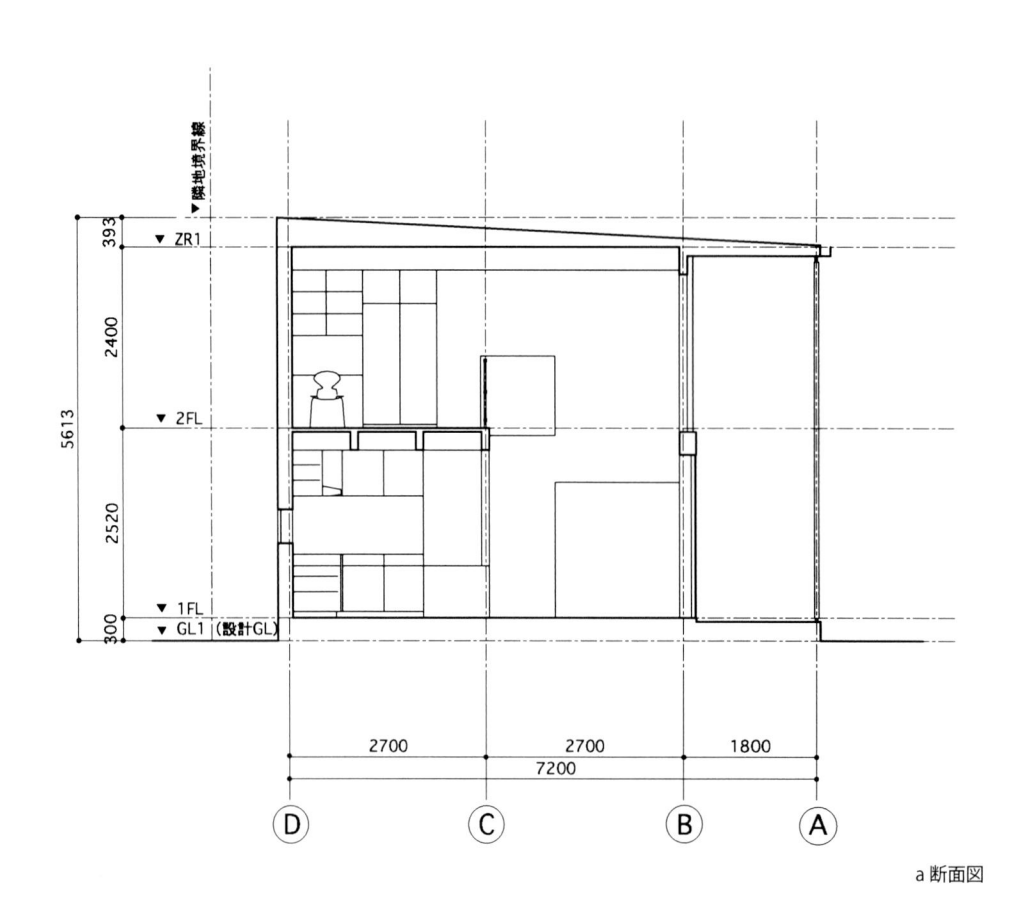

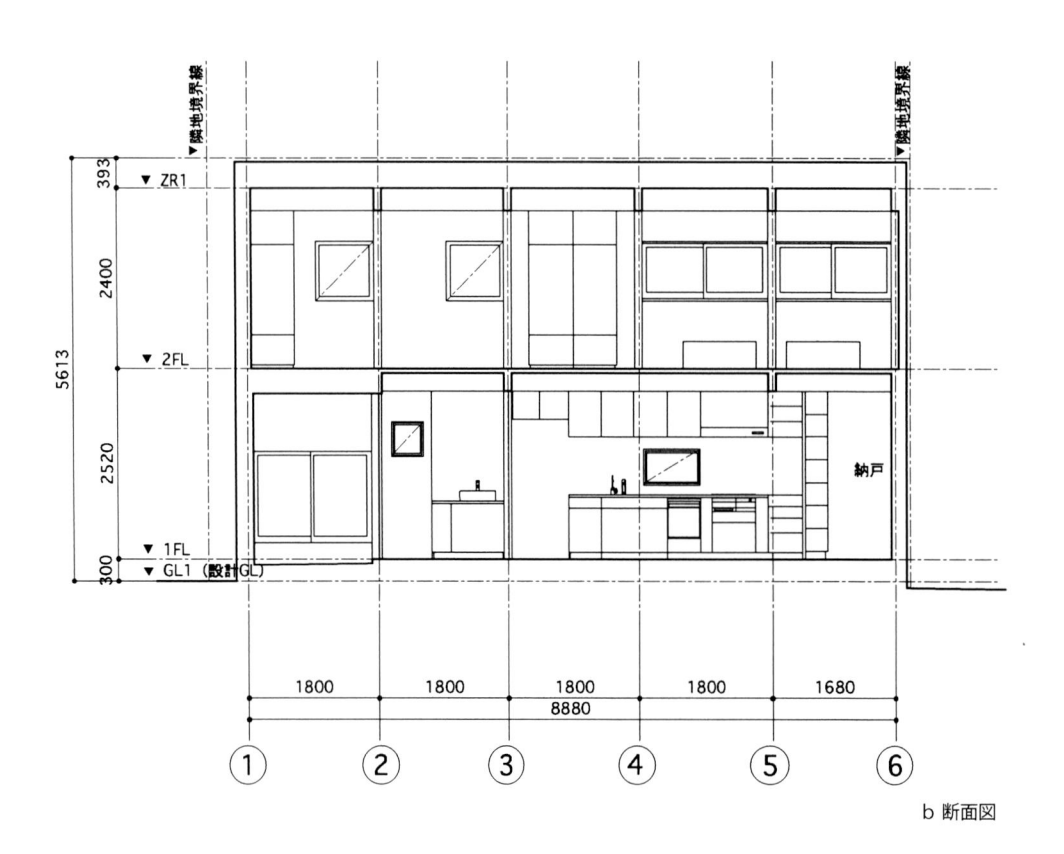

b 断面図

箱の家108 小野塚邸
断面図　scale 1/100

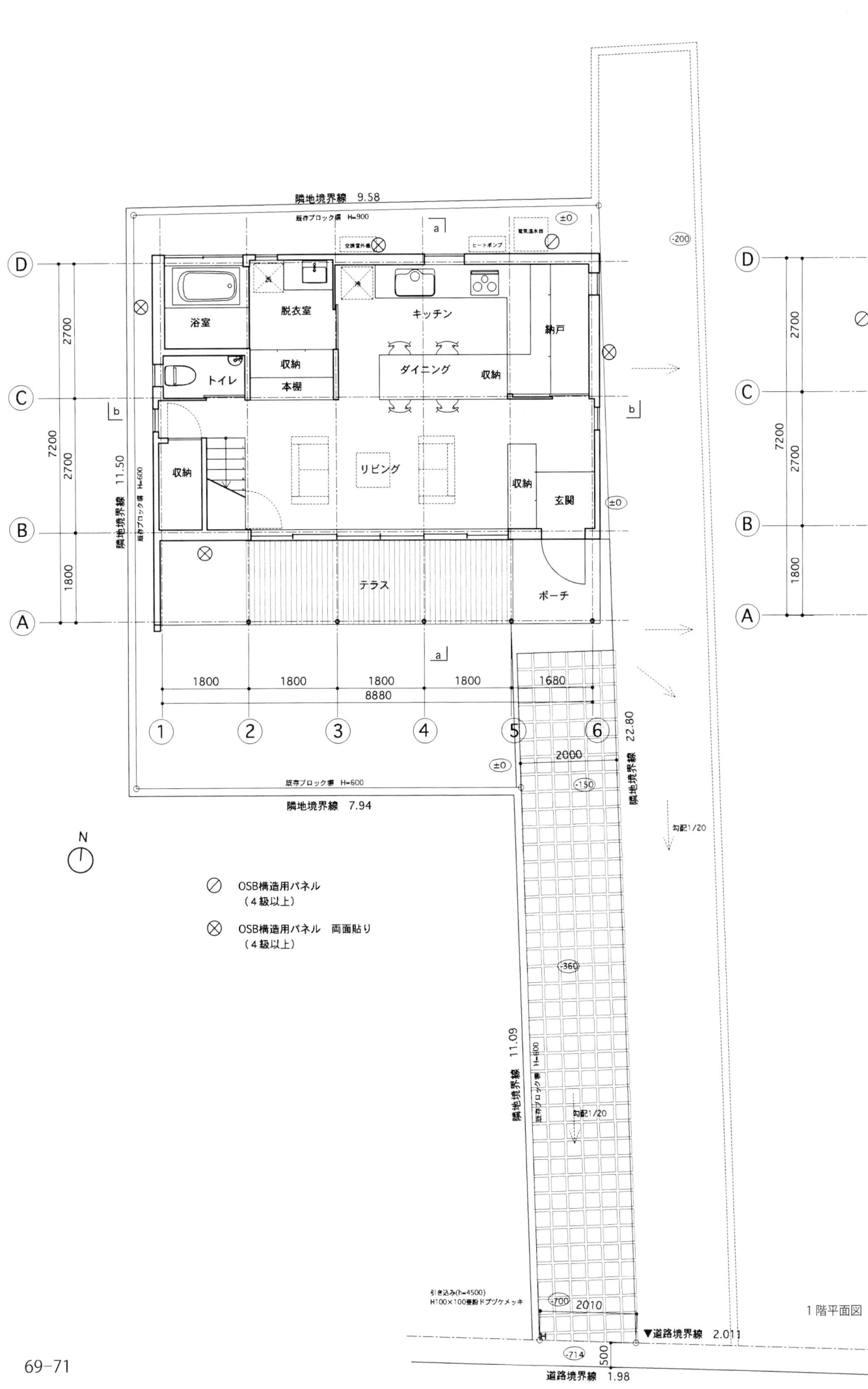

箱の家108 小野塚邸

1階平面図

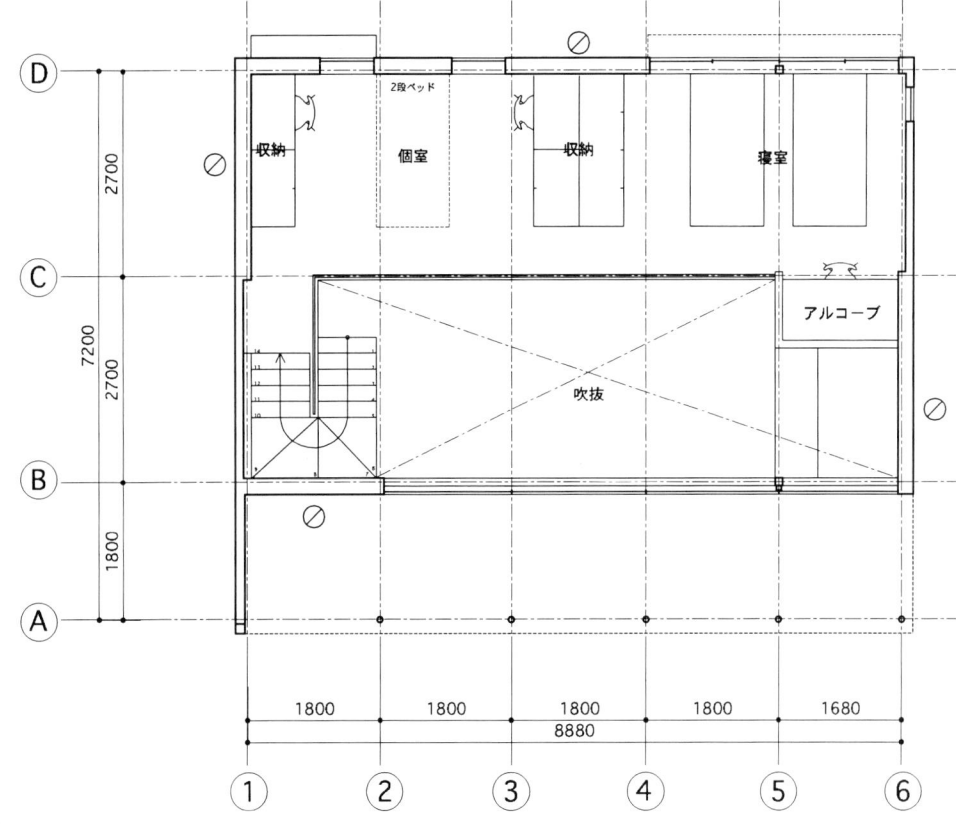

- 浴室
- 脱衣室
- トイレ
- 収納
- 本棚
- キッチン
- ダイニング
- 納戸
- 収納
- リビング
- 玄関
- ポーチ
- テラス

隣地境界線 9.58
隣地境界線 11.50
隣地境界線 7.94
隣地境界線 22.80
隣地境界線 11.09
道路境界線 2.011
道路境界線 1.98

2階平面図

- 収納
- 個室
- 収納
- 寝室
- 2段ベッド
- アルコーブ
- 吹抜

◯ OSB構造用パネル（4級以上）
⊗ OSB構造用パネル 両面貼り（4級以上）

平面図　scale 1/100

奥行1間の深い庇によって日射の制御をしている

1階の家族の空間と2階の個室は吹抜けを介して緩やかにつながる

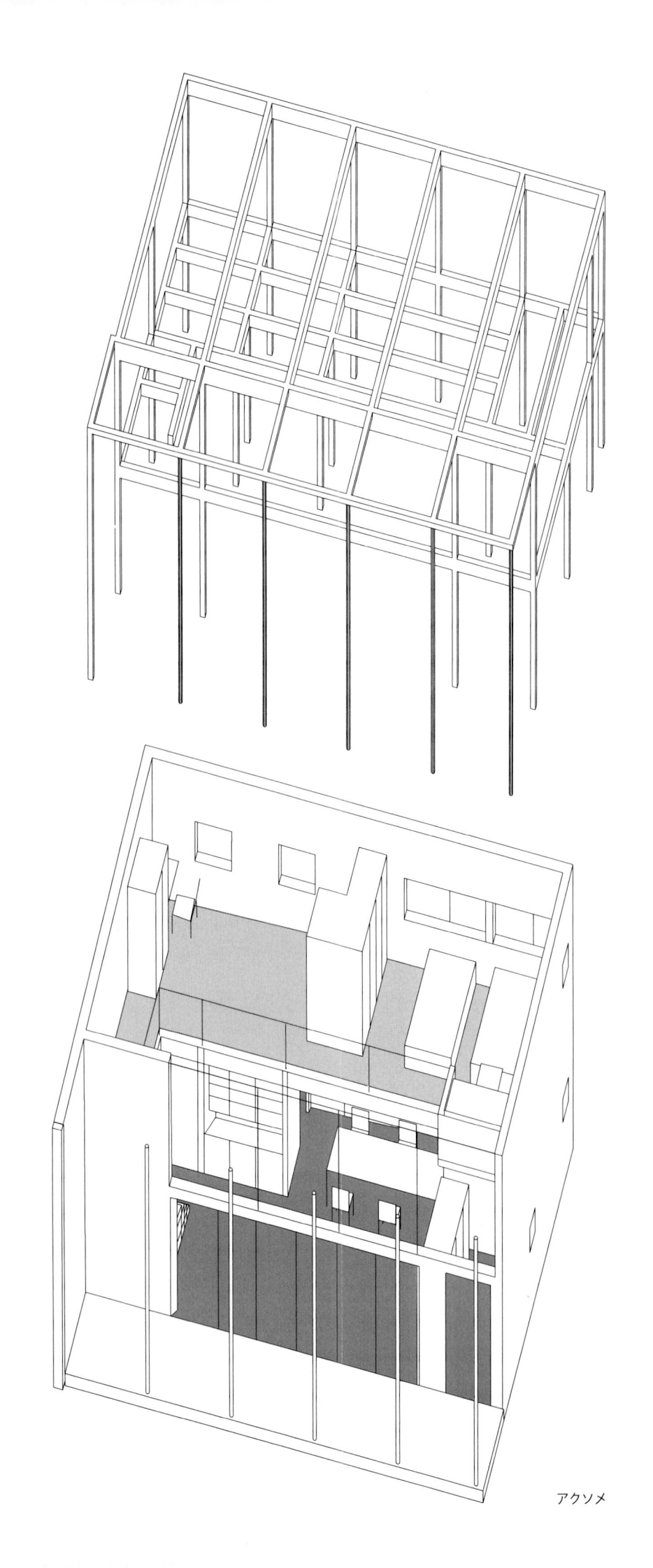

a 断面図

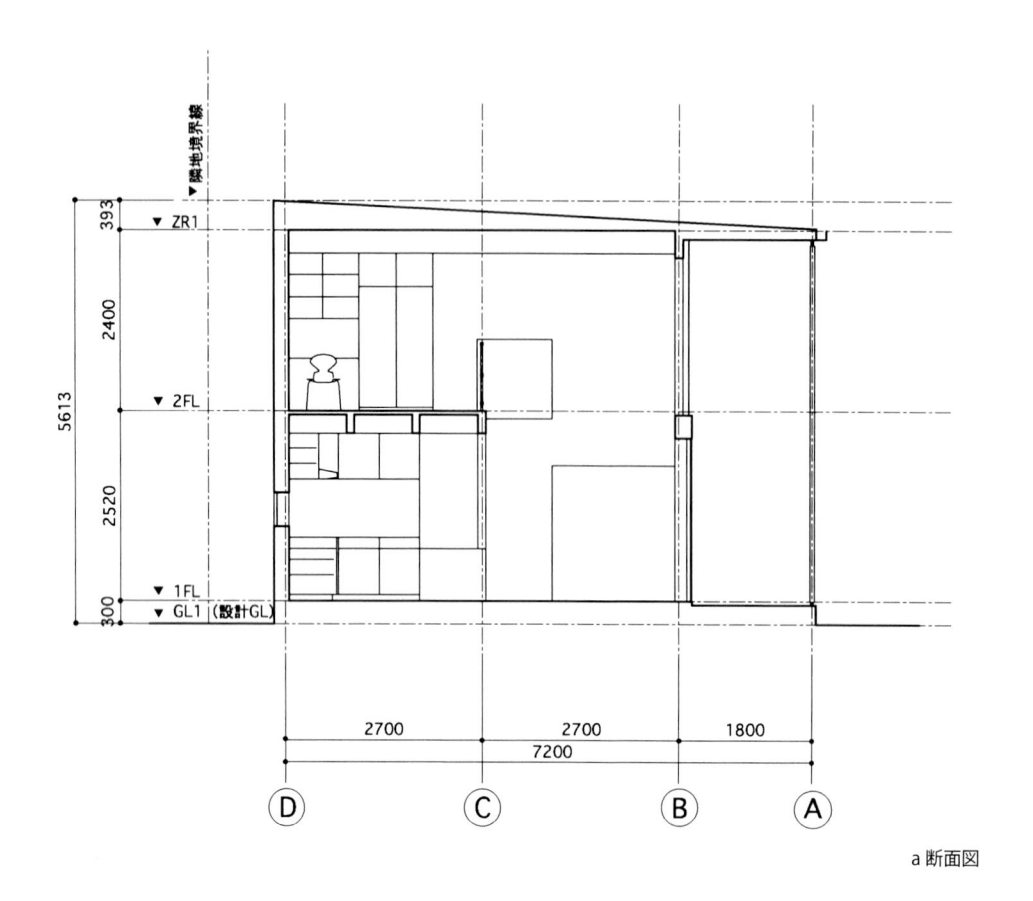

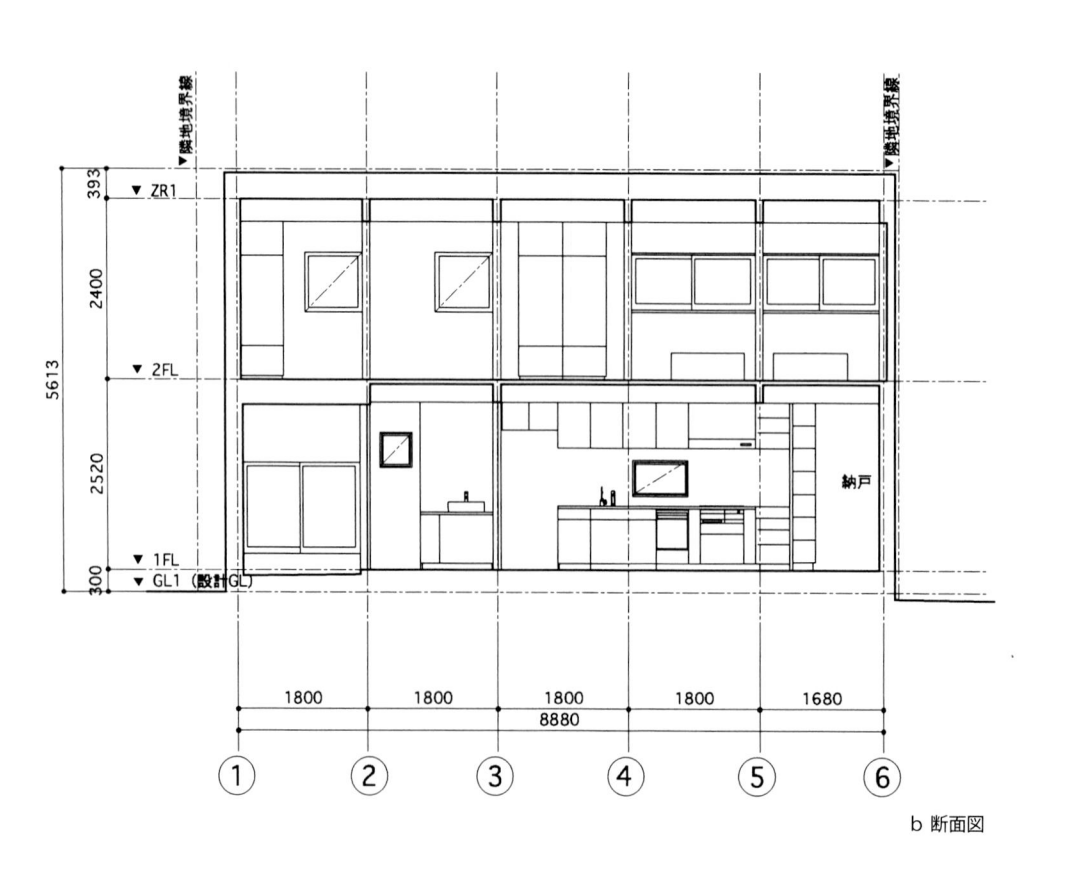

b 断面図

アクソメ

箱の家108　小野塚邸
断面図　scale 1/100

72-74

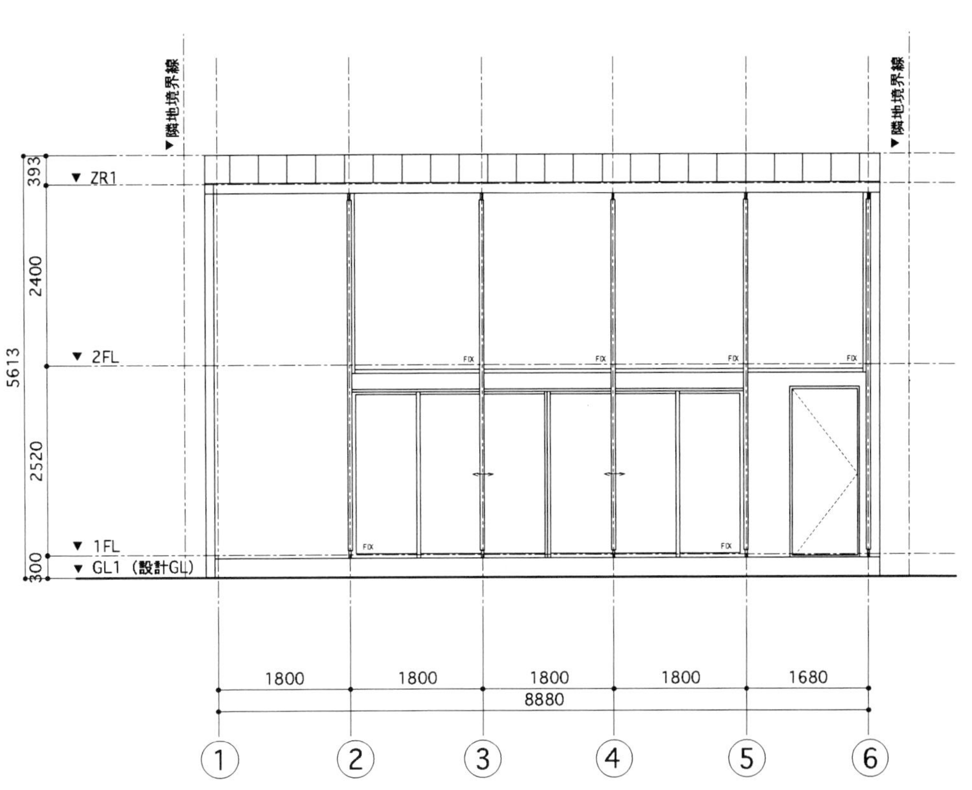

南立面図

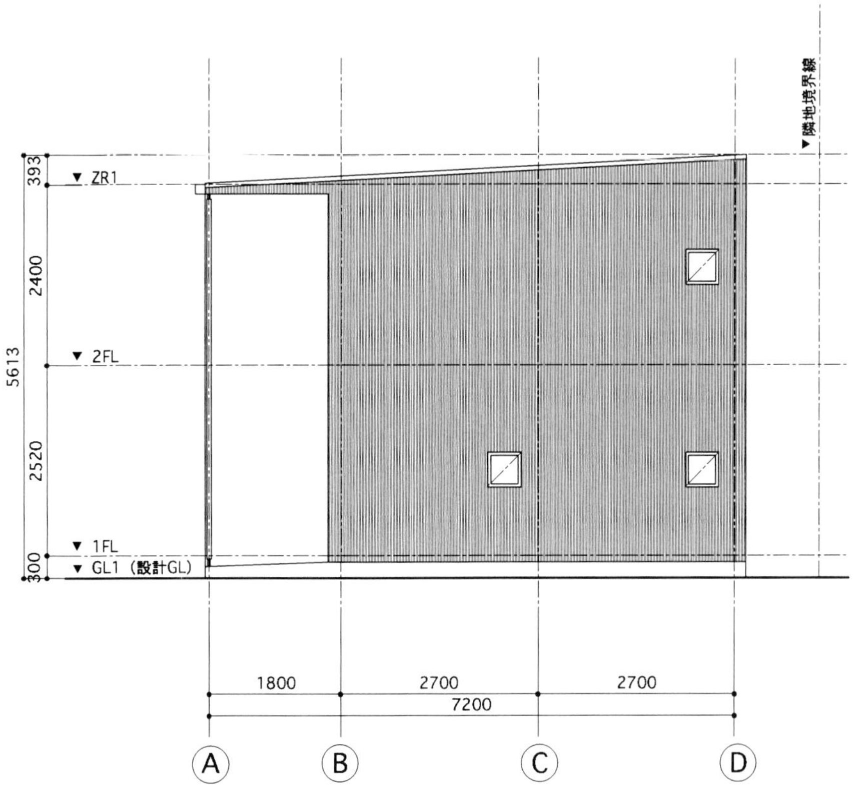

東立面図

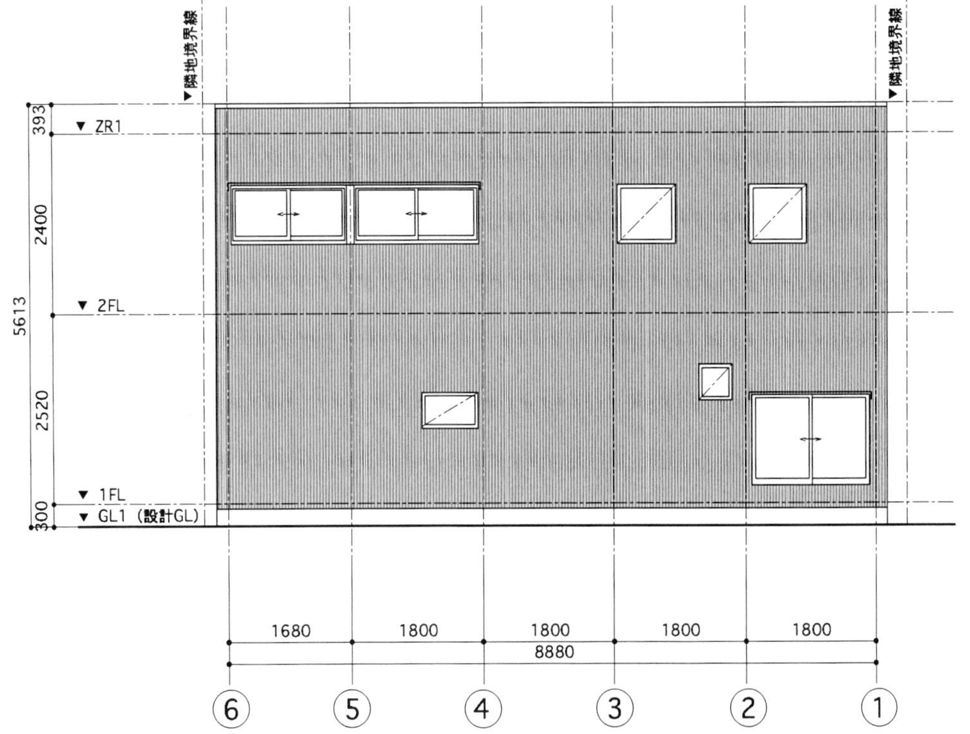

北立面図

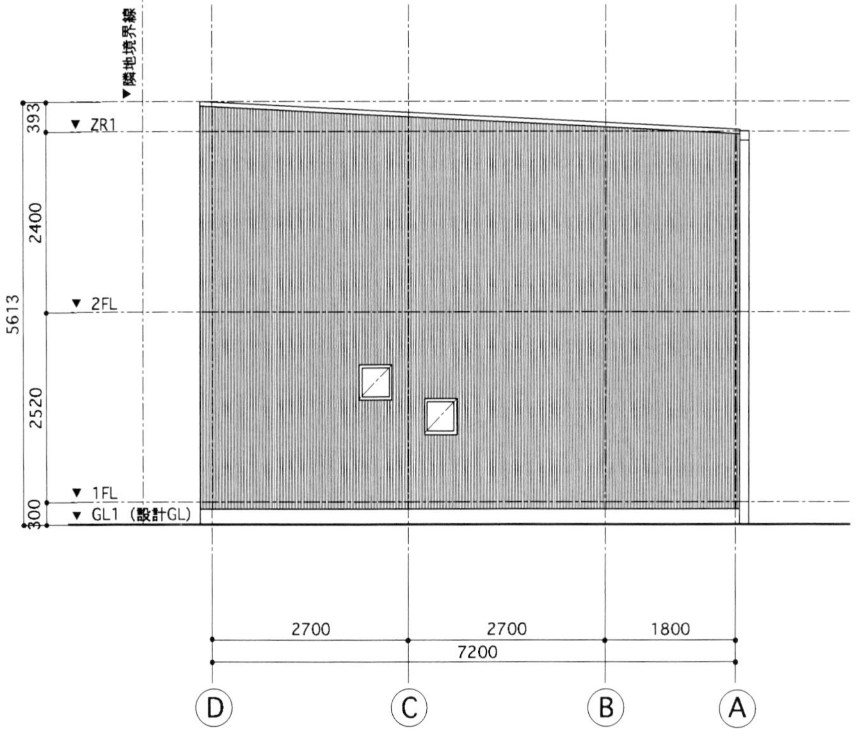

西立面図

箱の家108　小野塚邸
立面図　scale 1/100

階段踊り場より、吹抜けを見通す

2階は家具によって子供室と寝室が仕切られた個室アルコーブとなっている

箱の家108 小野塚邸
断面詳細図（1）　scale 1/50

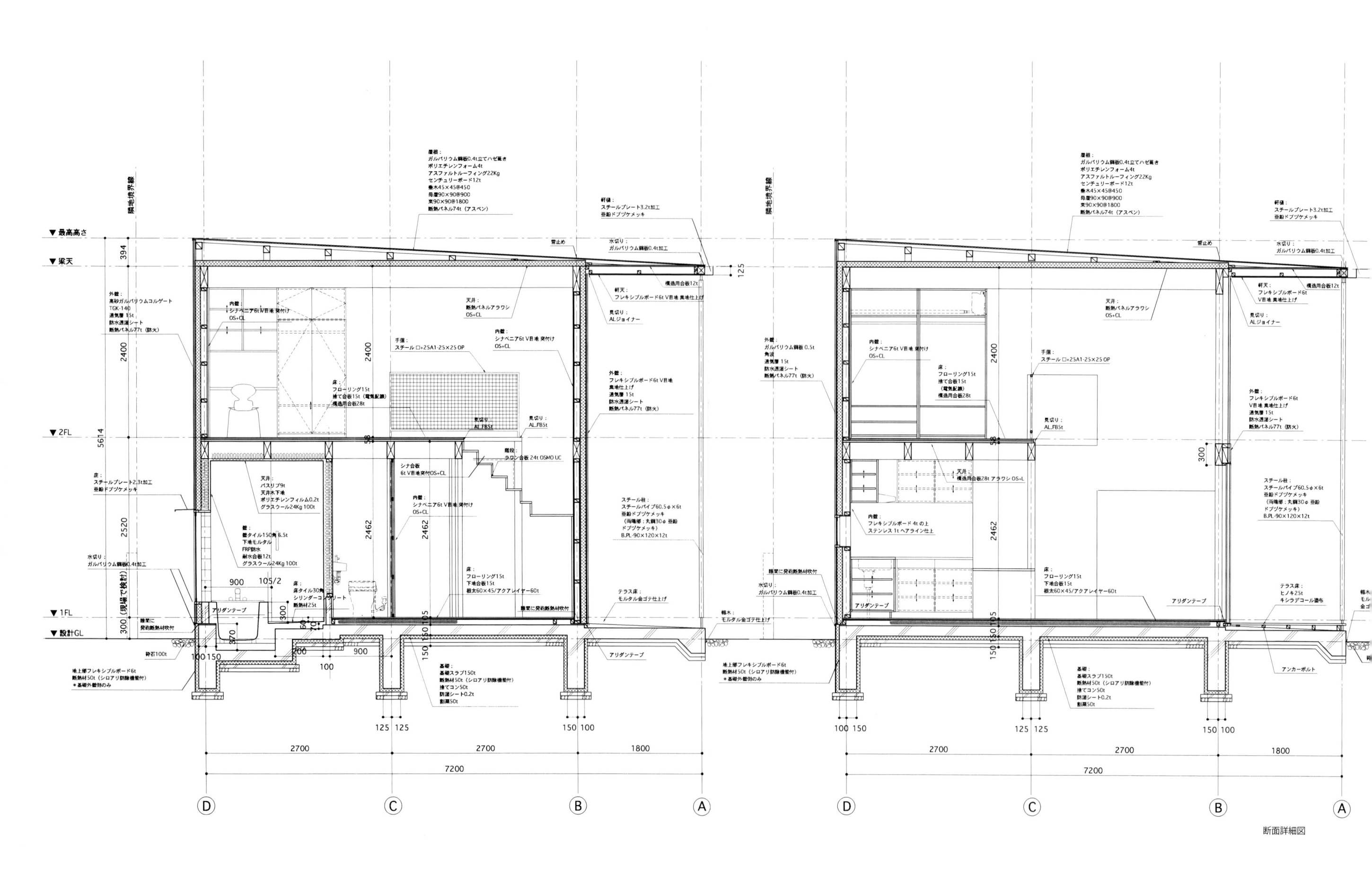

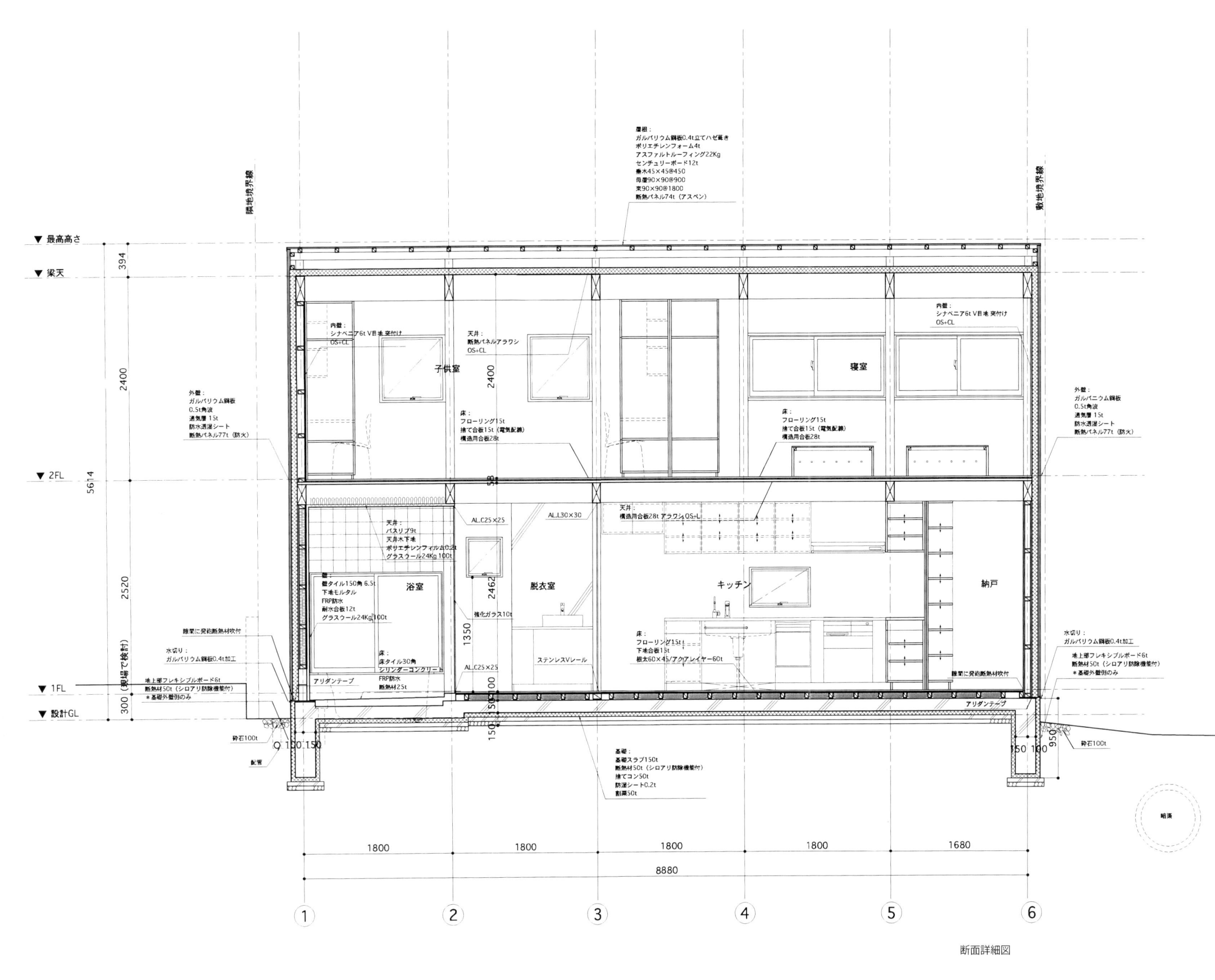

玄関上部には2階アルコーブがせり出している

箱階段は収納として活用している

箱の家108　小野塚邸
断面詳細図（2）　scale 1/50

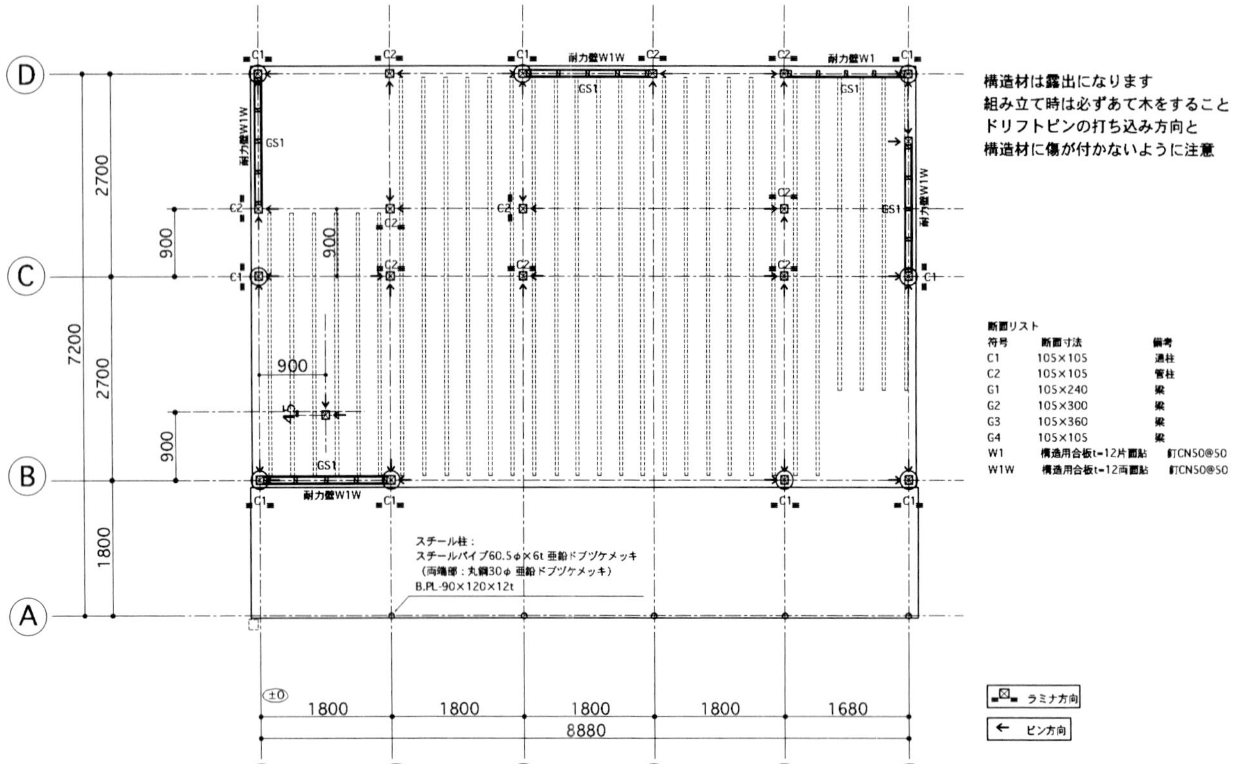

箱の家108 小野塚邸
基礎伏図・床伏図・小屋伏図　scale 1/100

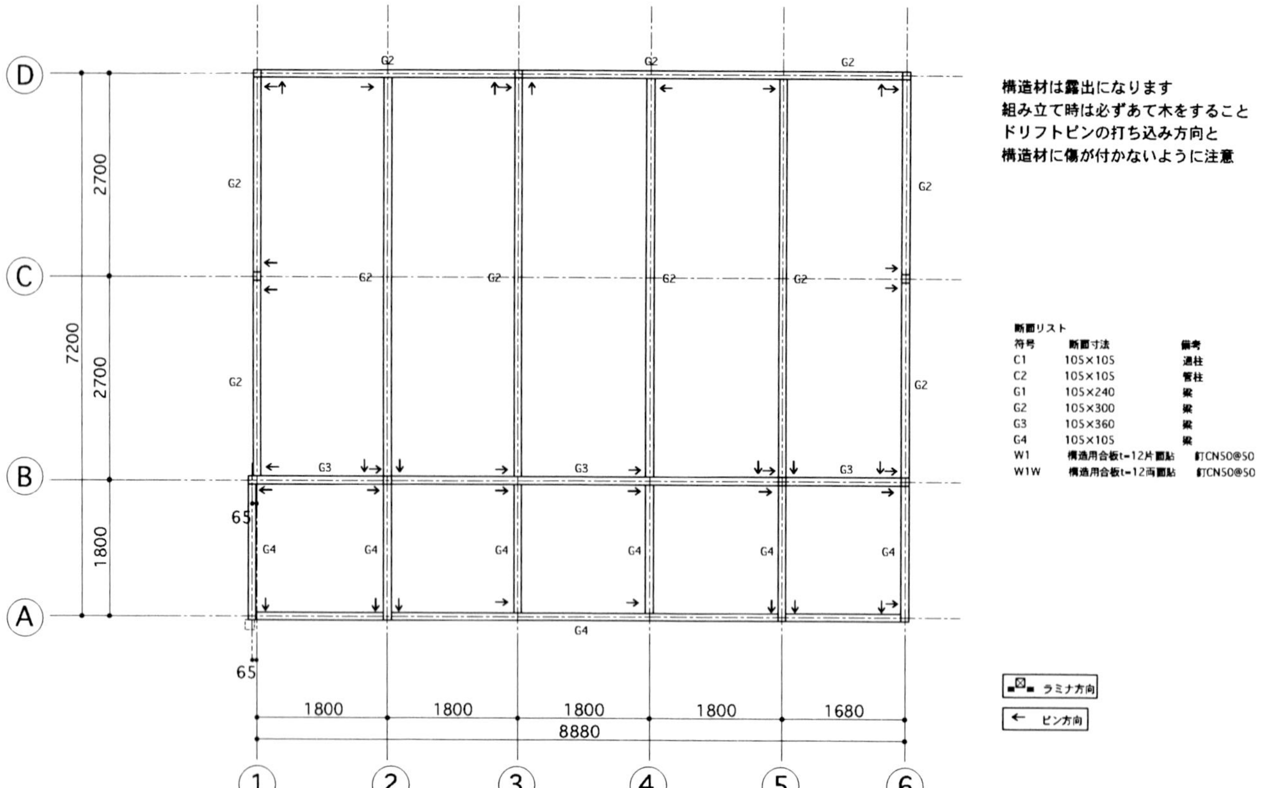

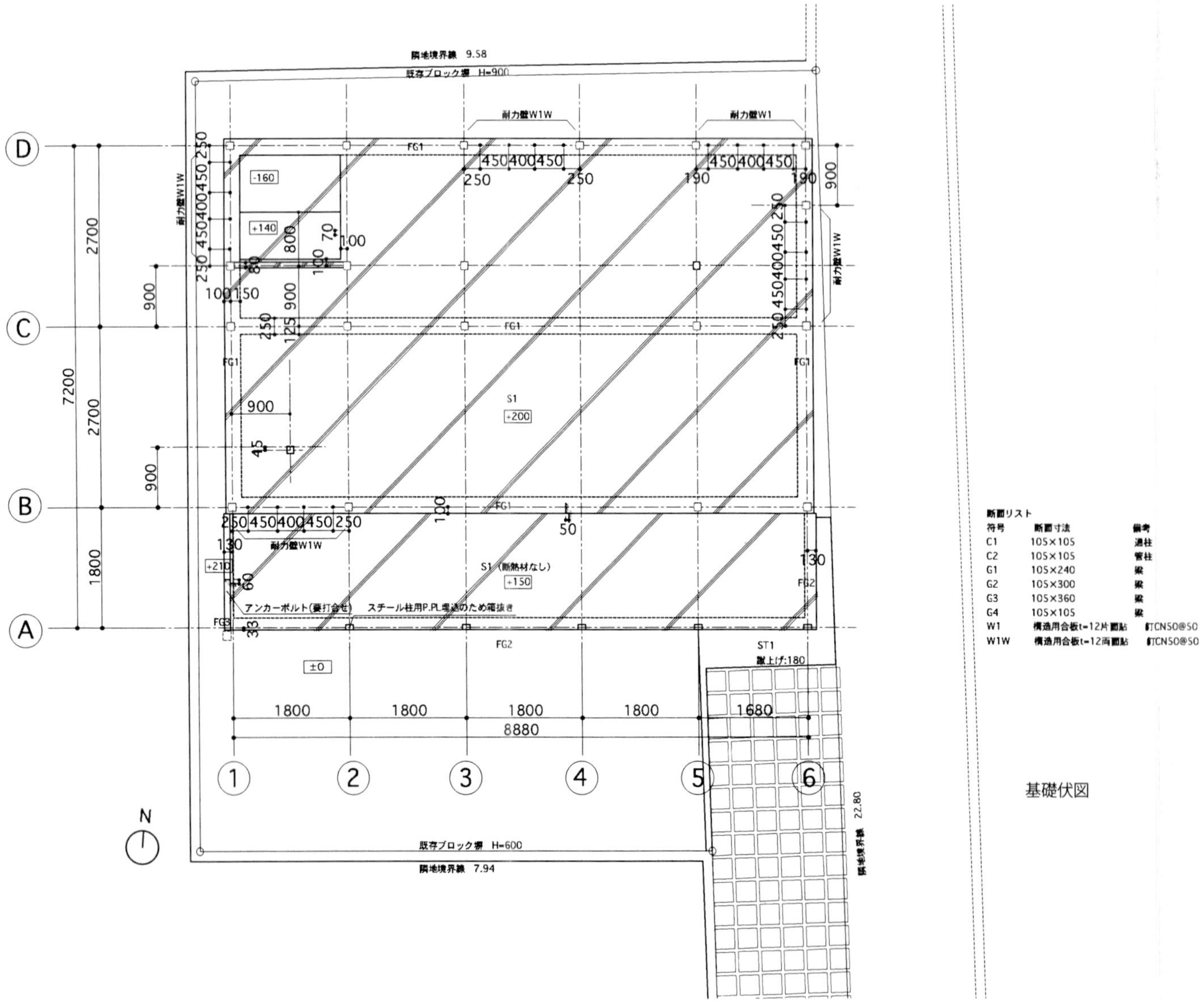

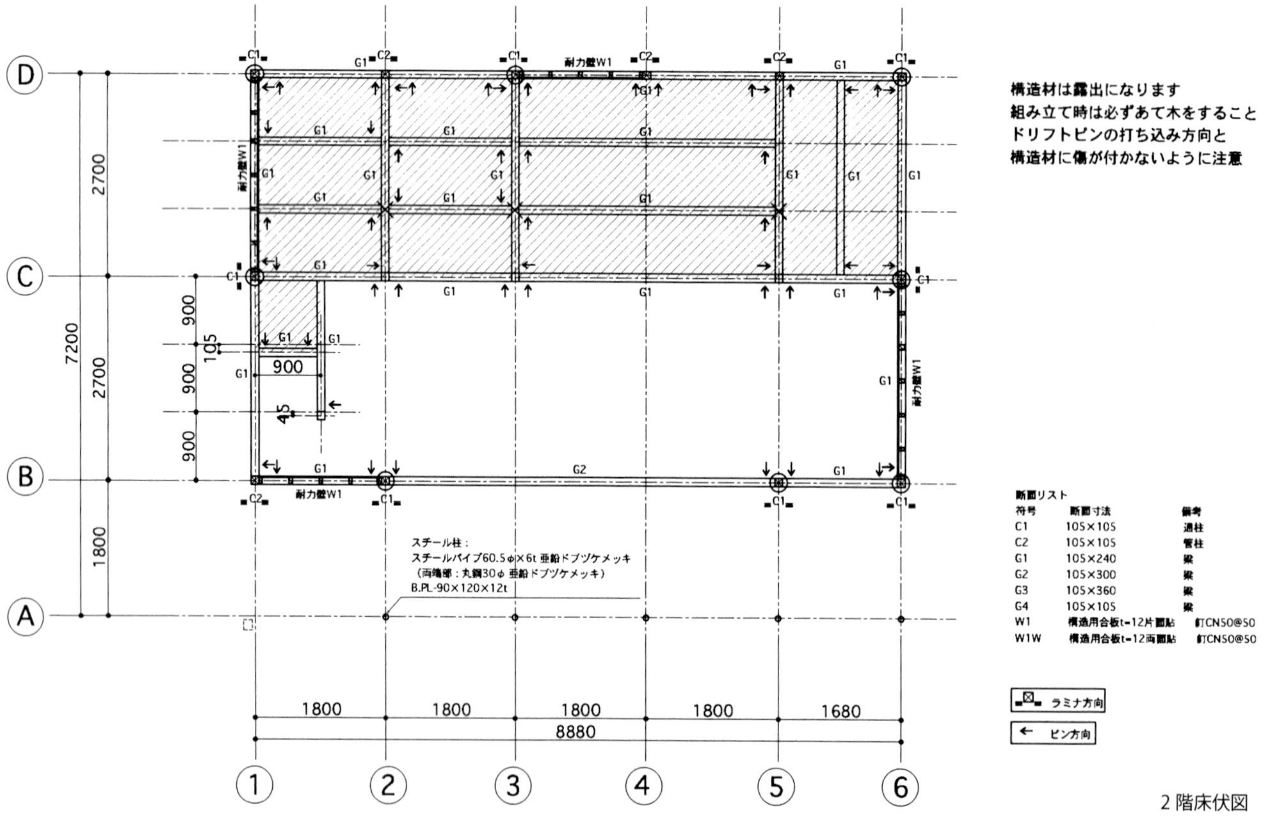

図版出典
- 加藤信介・土田義郎・大岡龍三著『図説テキスト　建築環境工学』彰国社、2002 年：図 2.70、図 2.72
- 建築構造システム研究会編『図解テキスト　建築構造』彰国社、1997 年：図 2.66
- 建築図解事典編集委員会編『図解事典／建築のしくみ』彰国社、2001 年：図 2.53、図 2.54
- 次世代省エネルギー基準解説書編集委員会編『住宅の次世代省エネルギー基準の指針』建築環境・省エネルギー機構、1999 年：図 2.71
- 住宅・建築省エネルギー機構・パッシブシステム委員会編『パッシブシステム住宅の設計』丸善、1985 年：図 2.73
- 図解住居学編集委員会編『図解住居学 3　住まいの構法・材料』彰国社、2004 年：図 2.63 左
- 鈴木成文著『鈴木成文住居論集　住まいの計画・住まいの文化』彰国社、1988 年：図 1.13
- 総務省『平成 15 年住宅・土地総計調査の解説―解説編』：図 2.15、図 2.16
- 日本建築学会編『建築設計資料集成［総合編］』丸善、2001 年：図 2.28、図 2.29、図 2.30、図 2.31、図 2.32、図 2.33、図 2.35、図 2.36、図 2.39、図 2.40、図 2.41
- 日本建築学会編『建築設計資料集成［人間］』丸善、2003 年：図 2.27
- 日本建築学会編『構造用教材』日本建築学会、1995 年：図 2.65
- 日本建築学会編『第 2 版　コンパクト建築設計資料集成〈住居〉』丸善、2006 年：図 2.26、図 2.37、図 2.38、図 2.46、図 2.55
- 日本建築技術者指導センター編『建築技術の基礎知識－住宅を中心として－第 22 版』霞ヶ関出版社、1997 年：図 2.75
- 西日本工高建築連盟編『新建築ノート　住宅』彰国社、1989 年：図 1.10、図 1.15、図 2.6、図 2.7、図 2.48、図 2.57、図 2.74、表 2.11
- Le Corbusier『Le Corbusier　Vol.2 1929 － 34』Artemis：図 1.9

参考文献
- 岡田光正、藤本尚久、曽根陽子著『住宅の計画学入門』鹿島出版会、2006 年
- 建築思潮研究所編『住宅建築別冊 4 混構造住宅の詳細　宮脇檀建築研究室の作品 30 選』建築資料研究社、1980 年
- 建築申請実務研究会編『建築申請 memo　2009』新日本法規出版、2009 年
- 住宅産業新聞社『住宅経済データ集』
- 新建築学大系編集委員会編『新建築学大系 19　市街地整備計画』彰国社、1984 年
- 総務省『平成 15 年住宅・土地統計調査』
- 日本建築学会編『建築設計資料集成 1　環境』丸善、1978 年
- 難波和彦著『戦後モダニズム建築の極北』彰国社、1999 年

写真撮影者・提供者・所蔵者
- 安達治：p53
- 大河内学：図 1.11
- 大橋富夫：図 1.33
- 木田勝久：図 1.23
- 郷田桃代：図 1.2、図 1.3
- 小室雅伸：図 1.22
- 坂口裕康：p68、p71、p77、p83
- 彰国社写真部：図 1.16、図 1.18、図 1.20、図 1.25、図 2.25 右、p54 下、p55
- 彰国社写真部（畑　拓）：図 1.32、図 2.25 左、図 2.52、p57、p64、p65
- 新建築写真部：図 1.21、図 2.24 右、p56、p59、p60、p61
- 髙砂建築事務所提供：図 2.60
- 積田洋：図 1.8
- 東京大学生産技術研究所藤井研究室提供：図 1.1
- 内藤廣建築設計事務所提供：p62、p63
- 彦根建築設計事務所提供：図 2.24 左
- 平井広行：p51
- 平山忠治：図 1.14 上
- 松岡満男：p54 上
- 村井修：図 1.17、図 1.30 下
- Edward Yung（http://www.flickr.com/people）：図 1.12
- Steve Cadman（http://www.flickr.com/people）：図 1.7

著者略歴

大河内　学（おおこうち　まなぶ）

1967年	東京都生まれ
1992年	東京都立大学工学部建築学科卒業
1994年	東京大学大学院工学系研究科建築学専攻修士課程修了
1997年	東京大学大学院工学系研究科建築学専攻博士課程修了
	アトリエファイ建築研究所、東京大学生産技術研究所助手を経て
2006年	明治大学理工学部建築学科准教授
現在	明治大学理工学部建築学科教授
	インタースペース・アーキテクツ主宰
	博士（工学）
主な著書：	『ルイス・バラガン―空間の読解―』（共著、彰国社）
主な作品：	北ノ沢の住宅、CELLS HOUSE、DOUBLE CUBE、学園大通りの家、西原の階段長屋など
主な受賞：	第3回サステナブル住宅賞「建築環境・省エネルギー機構理事長賞」

郷田桃代（ごうた　ももよ）

1963年	東京都生まれ
1988年	東京理科大学工学部建築学科卒業
1990年	東京大学大学院工学系研究科建築学専攻修士課程修了
1992年	東京大学大学院工学系研究科建築学専攻博士課程中途退学
	東京大学生産技術研究所助手を経て
2003年	東京電機大学工学部建築学科助教授
2007年	東京電機大学未来科学部建築学科准教授
2009年	東京理科大学工学部第一部建築学科准教授
現在	東京理科大学工学部建築学科教授
	インタースペース・アーキテクツ主宰
	博士（工学）
主な著書：	『理工系の基礎 建築学』（共著、丸善出版）『建築・都市計画のための空間学事典［改訂版］』『空間要素』（以上共著、井上書院）
主な作品：	北ノ沢の住宅、CELLS HOUSE、DOUBLE CUBE、学園大通りの家、西原の階段長屋など
主な受賞：	第3回サステナブル住宅賞「建築環境・省エネルギー機構理事長賞」

建築設計テキスト　住宅

2009年9月10日　第1版　発　行
2024年1月10日　第1版　第4刷

編　者	建築設計テキスト編集委員会
著　者	大河内　学・郷田桃代
発行者	下　出　雅　德
発行所	株式会社　彰　国　社

著作権者との協定により検印省略

自然科学書協会会員
工学書協会会員

Printed in Japan

© 建築設計テキスト編集委員会(代表) 2009年

162-0067　東京都新宿区富久町8-21
電話　03-3359-3231（大代表）
振替口座　00160-2-173401

印刷：真興社　製本：ブロケード

ISBN978-4-395-21134-0　C3352　http://www.shokokusha.co.jp

本書の内容の一部あるいは全部を、無断で複写（コピー）、複製、および磁気または光記録媒体等への入力を禁止します。許諾については小社あてご照会ください。